«S[...]
Empe[...]
Ducs et Marquis, Comtes,
Chevaliers et Bourgeois, et vous tous
qui voulez connaître les différentes races
d'hommes, et la variété des diverses
régions du monde, et être informés
de leurs us et coutumes,
prenez donc ce livre
et le faites lire;

car vous y trouverez toutes les grandissimes merveilles de la Grande et de la Petite Arménie,

de la Perse, de la Turquie, des Tartares
et de l'Inde et de maintes
autres provinces de l'Asie Moyenne et
d'une partie de l'Europe

quand on marche à la rencontre
du Vent-Grec, du Levant
et de la Tramontane;
c'est ainsi que notre livre
vous les contera en clair et bon ordre

tout comme Messire Marco Polo, sage et noble citoyen de Venise, les décrit parce qu'il les a vues de ses propres yeux.

Sans doute il y a ici certaines choses qu'il ne vit pas : mais il les tient d'hommes dignes d'être crus et cités.

C'est pourquoi nous présentons
les choses vues pour vues
et les choses entendues pour entendues

en sorte que notre livre soit sincère et
véritable sans nul mensonge,
et que ses propos ne puissent être
taxés de fables.

Marco Polo, *le Devisement du Monde*

Jean-Pierre Drège, ancien membre de l'Ecole française d'Extrême-Orient, docteur ès lettres, est directeur d'études à l'Ecole pratique des Hautes Etudes. Spécialiste de l'histoire et de la civilisation de l'écrit en Chine, il travaille depuis une quinzaine d'années sur les manuscrits chinois découverts à Dunhuang, oasis célèbre de la Route de la Soie. Il est l'auteur de plusieurs ouvrages parmi lesquels *La Route de la Soie*, paru à La Bibliothèque des arts à Lausanne en 1986 et traduit en sept langues.

Pour Blaise.

*Dépôt légal: octobre 1992
1er dépôt légal: avril 1989
Numéro d'édition: 57686
ISBN: 2-07-053076-0
Imprimé en Italie*

MARCO POLO
ET LA ROUTE DE LA SOIE
JEAN-PIERRE DRÈGE

DÉCOUVERTES GALLIMARD
HISTOIRE

« Ainsi l'on vit les Scythes et les Sarmates envoyer des ambassadeurs pour demander notre amitié; et les Sères et les Indiens qui habitent sous le soleil même apporter, avec des gemmes et des perles, des éléphants qu'ils traînaient au milieu de leurs autres présents; ils faisaient surtout valoir la longueur de leur voyage qu'ils avaient mis quatre ans à achever; la couleur seule de ces hommes indiquait qu'ils venaient de sous un autre ciel.»

Florus, fin du premier siècle

CHAPITRE PREMIER
LE TEMPS DES AMBASSADEURS

" Le roi du Grand Qin désirait constamment entrer en relations diplomatiques avec la Chine, mais les Parthes qui voulaient s'assurer le commerce des soieries chinoises y firent obstacle, de sorte que des relations directes n'ont pu s'établir.**"**

Histoire des Han postérieurs

Vers la fin du XIXᵉ siècle, le géographe allemand
Ferdinand von Richthofen baptise du nom de «Route
de la Soie» le réseau de communications qui reliait la
Chine et l'Occident. Cette expression allait faire
fortune. Elle n'est pourtant qu'une notation commode
recouvrant toute l'histoire des échanges entre
l'Extrême-Orient et l'Europe à partir du premier siècle
avant notre ère, lorsque les Romains découvrirent
la soie. La Route de la Soie fut aussi bien une route
marchande, celle des épices, du papier ou de la
porcelaine, qu'une voie d'échanges intellectuels,
religieux ou techniques.

« Je vois des vêtements de soie, s'il faut appeler vêtements des tissus dans lesquels il n'y a rien qui puisse protéger le corps, ni seulement la pudeur. Une fois qu'elle les a mis, une femme jurera, sans qu'on puisse la croire, qu'elle n'est pas nue; Voilà ce que, avec des frais immenses, on fait venir de pays obscurs jusqu'en ce qui touche le commerce, afin que, même à leurs amants, nos dames ne montrent pas plus d'elles-mêmes dans leur chambre qu'en public. »
Sénèque,
Des bienfaits
Iᵉʳ siècle

Au premier siècle av. J.-C., les Parthes font découvrir aux Romains un tissu mystérieux venu de l'Orient lointain

Lorsque la soie apparaît à Rome, les Romains lui donnent le nom de *serica*. Il n'est pas impossible que le terme chinois servant à désigner la soie, *si*, se soit transmis à travers divers intermédiaires jusqu'à Rome, en même temps que la précieuse étoffe. Mais les Romains ignorent alors tout de son pays d'origine. Il n'est pour eux que celui des Sères, localisé aux confins du monde connu, pays qu'ils distinguent d'une Chine elle aussi mystérieuse, appelée Thinai, terme qui vient sans doute du nom de l'empire des Qin fondé en 221 avant J.-C.

Les Romains n'ont à cette époque aucune relation directe avec les Chinois mais, depuis la conquête de la Syrie en 64 avant notre ère, ils sont entrés en relation avec le puissant Empire parthe qui assure sans partage le commerce caravanier depuis l'Asie centrale.

L'origine mystérieuse de la soie, plus encore que ses qualités, expliquera son succès. C'est aussi le premier produit d'échange entre la Chine et l'Occident dont on puisse suivre la trace avec quelque certitude.

D ans tout le bassin mésopotamien on a retrouvé, en grand nombre, des monnaies représentant des souverains parthes. A gauche, Mithridate Ier (171-138 av. notre ère), l'un des premiers empereurs; à droite, Vologèse III (147-191 après J.-C.) qui subit les assauts répétés des Romains.

❝ C'est pour la même raison [la chaleur du climat] que sur quelques arbres, il pousse de la laine; Néarque dit qu'on se sert de celle-ci pour tisser de belles étoffes fines que les Macédoniens emploient pour les coussins et les selles; elles ressemblent aux *serica* que l'on tisse en se servant de certaines écorces de byssus décortiqué. ❞
Strabon, *Géographie*, Ier siècle av. J.-C.

Dans la course au raffinement qui baigne la Rome déclinante, la soie devient rapidement indispensable

Comme la pourpre ou le verre, la soie est un luxe. Servant d'abord d'ornement, puis utilisée pour recouvrir des coussins, elle est ensuite employée à la confection de vêtements. Légère, solide et confortable, plus que le lin ou la laine, elle fera la conquête des femmes comme des hommes.

L'hémorragie de capitaux que son importation entraîne, au dire de certains, comme la décadence dont elle serait le signe, la font décrier, voire mépriser par Pline (23-79) et par Sénèque (4-65). Plusieurs arrêts du Sénat romain en interdisent le port, sans pour autant être suivis. C'est en effet un produit coûteux, non seulement par sa fabrication, mais encore par son transport : les dangers du voyage, les bénéfices des marchands, les taxes prélevées en sont la cause.

Comment la soie s'est échappée de Chine

Avant de ravir les Romains, le précieux tissu avait fait l'admiration des nomades Xiongnu qui parcouraient les régions arides du nord de la Chine. C'est pour éviter leurs razzias et les déprédations qu'ils commettaient dans la région du fleuve Jaune que le «Premier Empereur» de la dynastie Qin, après avoir unifié la Chine au premier siècle avant notre ère, avait consolidé et étendu les remparts qui couraient d'est en ouest dans le nord du pays pour en faire la Grande Muraille.

Le tombeau du «Premier Empereur» des Qin, qui a régné entre 221 et 210 av. notre ère, a livré, lors des fouilles effectuées en 1974, une armée de terre cuite de près de sept mille soldats constituant sa garde.

Leur puissance, contenue par l'empereur des Qin, s'était accrue au cours du IIe siècle sans que les premiers souverains de la dynastie des Han occidentaux aient pu l'endiguer.

L'insuccès des solutions purement militaires fit place à un système de traités de paix scellés par des unions matrimoniales. Par ces traités, souvent renouvelés, la Chine achetait en quelque sorte la paix aux frontières. Plusieurs fois l'an, des «présents» étaient offerts aux Xiongnu par les Han. Ces dons furent de plus en plus importants et atteignirent des dizaines de milliers de pièces de soieries diverses et de balles de bourre de soie. C'est une partie de ces tissus, le surplus, que les Xiongnu troquent avec d'autres populations nomades situées plus à l'ouest et qui, par échanges successifs, parvient jusqu'en Occident.

B arbare en terre cuite vernissée, de l'époque Tang.

Zhang Qian et les débuts de l'expansion chinoise en Asie centrale

Malgré ces efforts de pacification, les exigences des Xiongnu conduisent pourtant les Han à rechercher des alliances avec d'autres peuplades d'Asie centrale, ennemies des Xiongnu. La recherche de telles alliances est à la source de l'expansion chinoise vers l'ouest et, par là, des premiers témoignages de voyageurs pourvoyeurs de soie entre la Chine et l'Occident.

La première mission dont on ait conservé la trace est celle de Zhang Qian qui part, en 140 avant notre ère, à la recherche d'une peuplade nomade, les Yuezhi, ceux que nous appelons les Indo-Scythes et qui avaient fui jusqu'en Bactriane.

La mission de Zhang Qian, qui était d'obtenir le concours des Yuezhi pour prendre en tenaille les Xiongnu, échoue, mais les renseignements qu'il a obtenus au cours d'une aventure qui a duré treize ans vont déterminer la politique d'expansion de la Chine en Asie centrale et les échanges vers l'Occident et vers l'Inde. Zhang Qian raconta de plus qu'on trouvait chez les Yuezhi des bambous et des toiles provenant des royaumes du sud de la Chine, arrivés jusque-là par la route connue depuis sous le nom de route de Birmanie.

L'un des éléments de la politique étrangère chinoise était de donner en mariage des princesses chinoises aux chefs des Xiongnu ou des Wusun. Ici, on assiste au retour en Chine de Cai Wenji, qui fut mariée à un chef Xiongnu pendant douze ans, à la fin du IIᵉ siècle de notre ère, avant d'être rachetée. Cette peinture a été attribuée au peintre Gu Deqian (Xᵉ siècle).

Le cheval-dragon céleste sort du fleuve, portant sur le dos le *Tableau du Fleuve.* Ce tableau, qui aurait été révélé aux empereurs mythiques, dévoilait, disait-on, les formes des fleuves, des mers, des monts, des collines et des lacs; il montrait les divisions des régions et des royaumes, ainsi que la réussite des Fils du Ciel et des Saints.

Une deuxième mission est confiée à Zhang Qian : se rendre chez les Wusun, éleveurs de chevaux réputés, nomadisant dans la vallée de l'Ili, toujours dans le but de rechercher une alliance. Zhang Qian envoie en outre des émissaires vers les autres royaumes d'Asie centrale, et peut-être même jusqu'en Inde ou chez les Parthes.

Le but de cette deuxième mission est manqué lui aussi : les Wusun se contentent d'offrir des chevaux par dizaines. Néanmoins, grâce à ces deux ambassades s'ouvrent des voies d'échanges diplomatiques et aussi commerciaux dont le développement s'accroît rapidement.

A la recherche des chevaux célestes du Ferghana

A la suite de l'accroissement des ambassades, l'empereur s'entendit raconter que des chevaux plus extraordinaires encore que ceux des Wusun existaient dans le Ferghana, mais que la population les cachait aux émissaires des Han.
Ces chevaux étaient peut-être les véritables descendants des «chevaux célestes», car il était prédit que des chevaux surnaturels viendraient du nord-ouest. Ces animaux évoquaient les fameux chevaux-dragons légendaires, nés de l'accouplement de dragons et de juments, qui seraient sortis d'un fleuve.

La quête de l'immortalité que poursuivait l'empereur Wu des Han lui rendait nécessaire la possession de tels chevaux pour monter au ciel.

Une importante expédition militaire fut organisée pour contraindre le royaume du Dayuan au Ferghana à se soumettre. Après une première tentative infructueuse, l'expédition réussit. Plusieurs dizaines des meilleurs chevaux furent choisis et ramenés en Chine, ainsi que trois mille étalons et juments de moindre valeur. Par un traité, le royaume du Dayuan s'engageait à fournir des «chevaux célestes» tous les ans.

Sur les routes d'Asie centrale : fonctionnaires impériaux et personnages peu recommandables

Dès lors, des missions sont envoyées vers l'Empire parthe, le golfe Persique et l'Inde. Certaines de ces

" Au nord d'une ville qui est située sur les frontières orientales du royaume, il y avait jadis, devant un temple des dieux, un grand lac de dragons. Les dragons se métamorphosèrent et s'accouplèrent avec des juments. Elles mirent bas des poulains qui tenaient de la nature du dragon. Ils étaient méchants, emportés et difficiles à dompter; mais les rejetons de ces poulains-dragons devinrent doux et dociles. C'est pourquoi ce royaume produit un grand nombre d'excellents chevaux. "

Bianji,
Xiju ji, Mémoire sur les régions occidentales

ambassades comportent plusieurs centaines de personnes. Celles qui vont le plus loin ne reviennent pas avant huit ou neuf ans.

Devenant plus importantes, les missions sont aussi plus composites. A côté de fonctionnaires portant les emblèmes de l'autorité, se glissent des personnages parfois peu recommandables. Il faut dire que les routes restent semées d'embûches variées et que l'on n'est pas sûr de revenir sain et sauf. Il n'est pas rare que les présents soient dérobés ou que des envoyés, ignorant les instructions impériales, se les approprient pour les vendre.

A l'issue de deux expéditions militaires pour engager les royaumes d'Asie centrale à la soumission, vers 100 avant notre ère, les échanges entre la Chine et ces royaumes s'organisent sous forme tributaire, combinant la stratégie, la diplomatie et le commerce. L'expansion chinoise se traduit par la mise en place de colonies militaires et agricoles qui servent aussi de relais aux caravanes, leur assurant protection et approvisionnement.

●● A cette époque, plusieurs dizaines de marchands étrangers qui voyageaient ensemble, poussés par le désir cupide de faire leur commerce avant les autres, partirent secrètement pendant la nuit. A peine avaient-ils fait dix *li* qu'ils furent assaillis par des brigands qui les pillèrent et les tuèrent jusqu'au dernier. ●●

Biographie de Xuanzang

Les tributs à la cour de Chine, ou comment les marchands se font ambassadeurs

Lorsqu'une mission diplomatique est envoyée dans l'un de ces royaumes, elle emporte généralement de l'or et de la soie. En retour, les pays envoient des émissaires apportant des présents de toutes sortes : «On pouvait voir en grand nombre des curiosités telles que des perles lumineuses, des cauris, des cornes de rhinocéros et des plumes de martin-pêcheur, conservées dans le palais de l'impératrice. Des "chevaux pushao", des chevaux aux zébrures de dragon, des chevaux "yeux de poisson" et des chevaux "à la sueur de sang" remplissaient la Porte Jaune. Des troupeaux de grands éléphants, des lions, des bêtes féroces ainsi que des autruches étaient élevés dans les parcs de l'extérieur. Des choses merveilleuses étaient apportées des quatre coins du monde » (*Histoire des Han, premier siècle*). Jongleurs et acrobates accompagnent ces ambassades exotiques.

Ces échanges tributaires ouvrent la voie aux échanges commerciaux. Les missions diplomatiques, venues des divers royaumes d'Asie centrale, se composent non seulement d'envoyés officiels, d'interprètes,

Des musiciens accompagnaient parfois les ambassades à la cour de Chine; le goût pour la musique exotique venue des régions d'Occident, de Kucha, de Kashgar, de Boukhara ou de Samarcande, de l'Inde aussi, se répandit surtout à partir des IIIe et IVe siècles.

mais aussi de marchands et de colporteurs qui viennent exercer leur négoce. Le nombre de ces derniers augmente au point que, sous le règne de l'empereur Cheng, au premier siècle avant notre ère, l'ambassade venue du royaume de Jibin (Cachemire) ne comporte aucun émissaire officiel de haut rang. Ce ne sont que de simples marchands et des gens de basse condition venus pour échanger leurs marchandises.

Quand un ambassadeur chinois, effrayé par la mer, renonce à sa mission vers l'Empire romain

Au début de notre ère, la connaissance qu'ont les Chinois des régions occidentales s'étend jusqu'à

Les envoyés qui venaient en Chine représenter leur pays étaient contraints de se conformer à l'étiquette et aux usages chinois, même si leur ambassade cachait un simple intérêt commercial; ils apportaient la soumission de leur royaume, symbolisée par les produits indigènes qu'ils venaient offrir comme un tribut.

l'Empire romain. Mais il s'agit d'une connaissance vague fondée sur les dires des ambassadeurs et des marchands. A la fin du Iᵉʳ siècle, en 97, le général Ban Chao, qui guerroyait en Asie centrale pour assurer la soumission des régions occidentales, chargea un de ses lieutenants, Gan Ying, d'aller jusqu'au Daqin, le Grand Qin, c'est-à-dire l'Empire romain. Il lui fallait pour cela traverser le territoire des Parthes.

Gan Ying arriva jusqu'au Tiaozhi, c'est-à-dire la région de Taokè sur le golfe Persique. Là, il voulut prendre la mer pour continuer sa route, mais les Parthes, qui assuraient l'essentiel du trafic entre l'Extrême-Orient et l'Occident, ne souhaitaient

assurément pas que des liens directs se tissent entre la Chine et Rome et ils l'engagèrent à renoncer : «Cette mer est immense; ceux qui font la traversée et s'en reviennent y parviennent en trois mois s'ils ont des vents favorables, mais s'ils rencontrent des vents contraires, il leur faut deux années. Aussi, les gens qui s'embarquent emportent des vivres pour trois ans. En pleine mer, on est conduit à penser à son pays et à en avoir la nostalgie; plusieurs en sont morts » (*Histoire des Han postérieurs, Ve siècle*). Effrayé, semble-t-il, par ce qui l'attendait, Gan Ying renoncera et rentrera en Chine sans connaître jamais l'Empire romain.

Et la route maritime? Grâce au vent Hippale, les navigateurs parcourent l'océan Indien

Les Chinois avaient appris que l'Empire romain entretenait commerce avec les Parthes et aussi avec l'Inde, par voie de mer. Mais c'est surtout à partir du IIe siècle de notre ère que la route maritime prend un essor plus grand et se substitue peu à peu aux routes

❝ Les navires ont une proue à chaque extrémité pour n'avoir pas à virer de bord dans les chenaux étroits; leur tonnage est d'environ 30000 amphores. Ils n'observent pas les astres en naviguant et la Grande Ourse n'est pas visible. Ils emmènent avec eux des oiseaux, qu'ils lâchent de temps à autre, et suivent leur vol vers la terre. Ils ne naviguent pas plus de quatre mois dans l'année. Ils évitent particulièrement les cent jours qui suivent les solstices d'été : c'est la période de mauvais temps dans cette mer.❞
Pline,
Histoire naturelle

caravanières. Depuis le premier siècle avant J.-C., les navigateurs tiraient parti des vents saisonniers. D'après le *Périple de la mer Erythrée*, ouvrage anonyme rédigé à la fin du premier siècle ou au début du deuxième, la découverte d'une route utilisant le phénomène des moussons serait due à un certain Hippale. Pour le voyage, depuis Bérénice sur la mer Rouge jusqu'en Inde, les bateaux prenaient la mer au début de l'été et le retour se faisait à partir de décembre.

C'est par cette voie maritime que serait arrivé à la cour de Chine, en 166, un personnage se présentant comme l'ambassadeur de l'empereur Marc Aurèle Antonin. Il était arrivé au Tonkin par le Rinan. Mais il n'est pas certain que ce voyageur soit venu réellement de l'Empire romain, les présents qu'il portait, défenses d'éléphant, cornes de rhinocéros, écailles de tortue, provenant plutôt de l'Inde. L'Inde, lieu de transit, constituait en fait, comme la Perse, un obstacle entre la Chine et l'Empire romain.

Chine mystérieuse et Rome énigmatique

Les connaissances que les Empires romain et chinois avaient l'un de l'autre ressortissaient surtout à l'imaginaire et au merveilleux – pays étranges, mystérieux, et aussi pays de cocagne.

Les Romains se figuraient que la soie était le produit d'une sorte d'arbre à laine et que les Sères, buveurs d'eau, vivaient jusqu'à deux ou trois cents ans. En contrepartie, les Chinois voyaient les Romains comme une sorte d'alter ego, les parant du même nom qu'eux, Grands Qin, et pensant qu'ils cultivaient le mûrier et qu'ils élevaient eux aussi des vers à soie : «Les gens de ce pays sont tous de haute taille et ont des traits réguliers; ils sont analogues aux habitants du Royaume du Milieu et c'est pourquoi on appelle ce pays Grand Qin.» (*Histoire des Han postérieurs*). Ils n'imaginaient pas que le secret de la fabrication de la soie ne serait connu qu'au Ve siècle dans le royaume de Khotan, dans l'actuel Turkestan chinois, avant de se propager jusqu'à Constantinople au VIe siècle et jusqu'en Sicile au XIIe siècle seulement.

•• Les habitants s'habillent d'étoffes aux couleurs brillantes; leurs coutumes sont pareilles à celles des gens de Chang'an... Les gens sont doux et accommodants; beaucoup d'entre eux vivent très vieux.••
Le Royaume du Da Qin

❝ Chaque espèce d'arbre a besoin d'un terrain particulier, mais le mûrier seul peut pousser en tous lieux; et par conséquent il n'y a pas un seul endroit de l'empire où l'on ne puisse élever des vers à soie. ❞

❝ Le lendemain de la naissance des vers à soie, on leur donnera des feuilles de mûrier séchées dans un endroit bien aéré. Quand ils ont un vingtième de pouce, ils mangent cinq fois le jour et la nuit. ❞

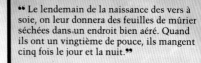

❝ Quand les vers à soie ont suffisamment mangé de feuilles, il est très important de savoir reconnaître le moment précis où ils sont mûrs pour filer. ❞

❝ On fait le fond de la coconnière avec des planches de sapin, longues de six pieds et larges de trois pieds. ❞

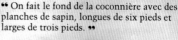

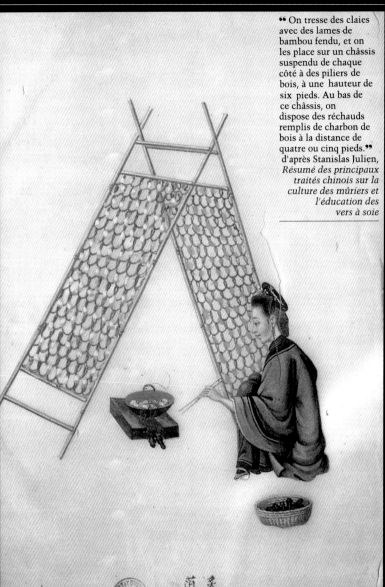

❝ On tresse des claies avec des lames de bambou fendu, et on les place sur un châssis suspendu de chaque côté à des piliers de bois, à une hauteur de six pieds. Au bas de ce châssis, on dispose des réchauds remplis de charbon de bois à la distance de quatre ou cinq pieds.❞
d'après Stanislas Julien, *Résumé des principaux traités chinois sur la culture des mûriers et l'éducation des vers à soie*

" Lorsque les vers à soie ont fait leur cocon, il faut choisir ceux qui sont fermés, et dont la surface offre de grosses raies; ils se dévideront très promptement. Pour cela il faut les exposer à la vapeur de l'eau bouillante, et les dévider ensuite en les plaçant dans une bassine remplie d'eau tiède."

" Le secret du bobinage consiste à obtenir un fil de soie mince, rond, uniforme et tendu, qui ne doit être ni contracté, ni relâché, sans nœuds ni renflements."

" Le bobinage de la soie pouvait se faire à la main ou à l'aide d'une machine. La première méthode était préférée pour la fabrication des satins et des taffetas, la seconde pour les gazes."

" La teinture des écheveaux était le plus souvent d'origine végétale, à base d'indigo ou de garance par exemple."

De multiples procédés de croisure des fils de soie sont obtenus avec le métier à tisser, selon la manière dont s'entrecroisent les fils de la chaîne disposés perpendiculairement au métier et les fils de la trame que fait circuler la navette.

電電將如來佛

« Il regarde de tous côtés et découvre des plaines sans bornes où l'on ne voyait aucune trace d'hommes ni de chevaux. Pendant la nuit, des esprits méchants faisaient briller des torches aussi nombreuses que les étoiles; dans le jour, des vents terribles soulevaient le sable et le répandaient comme des torrents de pluie. Au milieu de ces cruels assauts, son cœur restait étranger à la crainte.»

Biographie du pèlerin Xuanzang, VIIe siècle

CHAPITRE II
LE TEMPS DES PÈLERINS

Les moines voyageant le chasse-mouche à la main, des manuscrits sur le dos, en compagnie d'un tigre, se plaçaient sous la protection du buddha à venir, nommé Baosheng.

Le développement des échanges sur la Route de la Soie, depuis les conquêtes chinoises en Asie centrale sous la dynastie des Han, se traduit par un va-et-vient de missions diplomatiques, couvrant parfois de simples transactions commerciales, mais aussi par un mouvement de propagation religieuse. Le bouddhisme, né en Inde au Ve siècle avant notre ère, se répand par les mêmes canaux que les échanges commerciaux. A l'origine voie de sainteté réservée aux ascètes qui doivent se plier à des règles strictes dans le but de briser la transmigration des êtres, il devait devenir peu à peu une religion de salut universel pratiquée par les laïcs et véhiculée par les marchands.

Comment le bouddhisme est arrivé en Chine : de la légende à la réalité

La légende voudrait que cette religion se soit introduite en Chine au Ier siècle, à la suite d'un songe de l'empereur Ming des Han. L'empereur avait vu en rêve un dieu dont le corps avait la couleur de l'or et qui volait dans sa chambre. Il interrogea ses fonctionnaires, qui lui répondirent que dans l'Inde il y avait un homme appelé Buddha et qu'on disait capable de voler... L'empereur aurait alors envoyé une ambassade pour s'enquérir de sa doctrine. Celle-ci aurait ramené des livres, des statues ainsi que des moines. Selon d'autres sources assez tardives, les *sûtra*, livres indiens relatant les paroles du Buddha, auraient été transportés sur un cheval

Des représentations du Buddha Śâkyamuni n'apparaissent qu'aux environs de notre ère, soit dans le style hellénisé de l'école du Gandhara (ci-dessous), soit dans celui, purement indien, de l'école de Mathurâ.

blanc. En fait, si les premières traces du bouddhisme en Chine datent bien de l'époque de l'empereur Ming, la réalité est assez différente. Cette religion, fondée sur des principes et sur des rites fort étrangers à ceux du taoïsme ou du confucianisme, devait, pour être acceptée, se présenter sous un jour favorable. C'est sans doute pourquoi le bouddhisme usa d'abord d'un vocabulaire emprunté au taoïsme et proposa des pratiques recevables par ses adeptes. Ainsi, les premiers textes traduits en chinois furent des ouvrages de morale et de méditation. Le bouddhisme n'émergea que lentement de cette confusion initiale : au premier siècle de notre ère, on sacrifiait en même temps au Buddha et à Huang-Lao, le Vieux Jaune, divinité taoïste résultant de l'amalgame du philosophe Laozi divinisé et de l'Empereur Jaune, patron des magiciens. C'est précisément par une association des deux cultes que le bouddhisme s'est infiltré en Chine, comme l'attestent l'existence de communautés religieuses et la pratique de sacrifices aux deux divinités dans le royaume de Chu en 65 apr. J.-C.

La réponse des milieux taoïstes à l'introduction du bouddhisme fut d'imaginer que Laozi lui-même était parti prêcher dans les régions occidentales et convertir les Barbares. Certains prétendaient même qu'il était devenu le Buddha et que le bouddhisme n'était rien d'autre que sa doctrine.

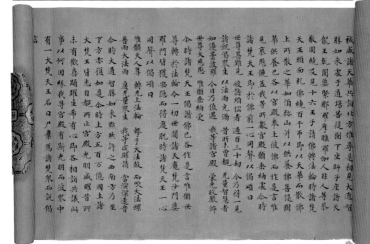

Les premiers bouddhistes en Chine sont des marchands

D'après cette même légende, l'ambassade de l'empereur Ming aurait ramené de l'Inde ou de la Sérinde (l'actuel Turkestan) non seulement des ouvrages bouddhiques, mais aussi les premiers traducteurs de textes sanscrits. En réalité, le bouddhisme s'est probablement répandu d'abord chez les étrangers installés en Chine, marchands, ambassadeurs, otages ou réfugiés, ou encore chez les Chinois qui s'étaient rendus en Sérinde. L'un de ces marchands est le Parthe An Xuan, dont le nom An est l'abréviation d'Anxi (c'est-à-dire Arsak), qui désignait la Parthie arsacide. Il arrive à Luoyang, la capitale orientale, en 181, et se met à traduire des textes bouddhiques sous l'autorité d'un compatriote, An Shigao. Les premières traductions sont le fait d'immigrés de plus ou moins fraîche date, d'origine indo-scythe, indienne ou sogdienne.

De ces premières allées et venues entre la Chine, la Sérinde et l'Inde, aucun témoignage de voyage n'est resté. Mais l'intérêt pour le bouddhisme, qui se répand en Chine, suscite une soif de connaissance que les compilations et les premières traductions n'assouvissent pas.

L es écrits bouddhiques sur feuilles de palmier qui parvenaient en Chine étaient calligraphiés sur des rouleaux de papier jaune rassemblés par dix dans des enveloppes souvent en forme de bannières.

Les pèlerins chinois prennent la route de l'Inde, croisant les caravanes marchandes dans les oasis

Le besoin de recourir aux textes originaux est à la source du grand mouvement de pèlerinage vers l'Inde qui va s'étendre jusqu'au IXᵉ siècle. Les routes vers l'Inde sont diverses, passant soit par l'Asie centrale, soit, plus rarement, par la Chine du Sud et l'actuelle province du Sichuan ; de l'Inde, le retour se fait parfois par mer.

Le premier de ces pèlerins dont une relation complète nous soit parvenue est Faxian. Vers l'âge de soixante ans, il décide de se rendre en Inde pour y chercher des textes traitant des règles de la vie monastique. Il part en 399 avec quatre autres moines par la route des oasis que fréquentent les caravanes marchandes. Après avoir circulé en Inde pendant près

À la différence des pèlerins qui voyagent souvent en petits groupes, munis de sauf-conduits, les marchands circulent en caravanes organisées réunissant plusieurs centaines d'hommes. Cette représentation d'une halte de voyageurs arabes est tirée de la *Cosmographie universelle* d'André Thévet au XVIᵉ siècle.

de douze ans, il s'embarque sur un navire de commerce à destination de Ceylan, puis de la Chine. Faxian sera considéré plus tard par les autres moines pèlerins comme un précurseur qui ouvrit la route de l'Inde. Son récit, empreint d'une certaine sécheresse, sera pourtant lu, utilisé, mentionné.

Xuanzang, modèle des pèlerins, désobéit à l'empereur et part secrètement

Après un ralentissement des pèlerinages au VIᵉ siècle, le mouvement reprend sous la dynastie des Tang, en particulier avec Xuanzang, le modèle des pèlerins. Au contraire de Faxian qui n'était pas très érudit, Xuanzang, entré au monastère à l'âge de douze ans, avait fait de solides études bouddhiques et était versé surtout dans la philosophie scolastique. C'est précisément pour vérifier les textes, qui prêtaient à des interprétations diverses, que Xuanzang décida de se rendre en Inde. Associé à d'autres moines,

Les pèlerins se munissaient d'autels de voyage comme celui-ci, en bois peint. A l'intérieur, à gauche, se tient le bodhisattva Avalokitesvara (Guanyin pour les Chinois) avec ses attributs; à droite se trouve le buddha Śâkyamuni, assis en méditation sur un trône de lotus.

il demanda, pour entreprendre ce voyage, une autorisation officielle qui lui fut refusée. La Chine avait alors cessé pour quelque temps ses relations diplomatiques avec les royaumes occidentaux d'Asie centrale. Xuanzang se résolut donc à partir seul et secrètement. Son voyage nous est connu à la fois par sa biographie, rédigée peu après sa mort, et par le *Xiyu ji* ou *Mémoire sur les régions occidentales*, rédigé par un de ses disciples, Bianji, à partir des informations recueillies par Xuanzang lui-même.

Xuanzang parcourt l'Inde pendant dix ans et revient chargé de livres, de statues et de reliques

Le Maître de la loi part en 629. Tout au long de son voyage, il prend note des divers témoignages du bouddhisme, *stûpa*, statues, reliques et objets de vénération. Il visite les lieux saints et contemple les reliques du Buddha, il relève aussi les légendes qui entourent sa vie. Dans le Gandhâra, les nombreux couvents sont en ruines, les adeptes du bouddhisme y sont devenus rares. A Strâvastî (Sâhet Mâhet), où le Buddha a prêché, à Kapilavastu où il est né, à Kúsinagara où il est mort et entré dans le nirvâna, il ne subsiste que des ruines. A Vârânasî (Bénarès), les bouddhistes sont maintenant trois fois moins nombreux que les hindouistes, des hérétiques selon Xuanzang. De Gayâ (Bodh-Gayâ), Xuanzang fait une description précise et détaillée des lieux, en particulier de l'Arbre de l'Eveil où le Buddha atteignit l'Illumination. Xuanzang séjourne ensuite quinze mois à Nâlandâ, grand centre d'études à cette époque, dont la réputation attire les étudiants de très loin.

Par la suite, Xuanzang se rend au Bengale et en Assam, où débouche une route venant de

❝ Il continua ses hommages, et après qu'il eut fait encore 200 salutations, soudain, toute la grotte fut inondée de lumière, et l'ombre de Rulai se dessina majestueusement sur le mur, comme lorsque les nuages s'entrouvrent et laissent apercevoir tout à coup l'image merveilleuse de la montagne d'or. ❞
Vie de Xuanzang

Chine par le Sichuan, voie plus directe vers l'Inde mais périlleuse. Puis il fait route vers le sud, arrive en pays dravidien, tente de s'embarquer pour Ceylan, mais renonce à cause de la guerre. Il part alors vers l'ouest, visite le site d'Ajantâ, remonte vers le nord jusqu'à Barukaccha (l'actuel Broach), l'ancien port de Barygaza, qui fut jadis base d'échange du commerce gréco-indien.

A partir de Barukaccha, Xuanzang prend le chemin du retour. Il remonte vers le nord, traverse l'Indus et y perd cinquante manuscrits, s'engage dans l'Hindu-Kush, revient sur Gilgit et arrive à Tashkurghan, qui est probablement l'ancienne Tour de pierre mentionnée au IIᵉ siècle par Ptolémée dans sa *Géographie*. Là, semble-t-il, s'effectuait le troc entre les caravanes venant de Chine et celles arrivant d'Occident.

De retour en Chine, Xuanzang, chargé de statues et de reliques, est accueilli avec de grands honneurs. Il va passer le reste de sa vie à traduire les textes des six cent cinquante-sept ouvrages qu'il a rapportés.

Yijing, lui, choisit la route des mers du Sud et s'embarque sur un bateau persan

Un autre grand pèlerin, Yijing, qui avait fait vœu d'aller en Inde depuis une vingtaine d'années, émerveillé par l'exemple de Xuanzang, s'embarque à Canton, en 671, sur un bateau persan. La route maritime n'était pas nouvelle. On se souvient que Faxian était revenu de l'Inde par cette voie. Mais elle était jusqu'alors peu utilisée par les pèlerins bouddhistes. C'était en effet une voie commerciale plutôt que religieuse entre la Perse, l'Inde, l'Insulinde et la Chine. Au VIIIᵉ siècle, les récits de pèlerinage deviennent plus rares. Les moines sont pourtant nombreux à partir vers l'Inde, mais aucun témoignage important ne subsiste.

Mais, bientôt, les routes se ferment en Asie centrale

A partir du IXᵉ siècle, le bouddhisme entre en décadence en Chine. Entre 843 et 845, sa proscription est ordonnée par l'empereur Wuzong. Elle ne dure que quelques années, mais les pèlerinages en Inde et la

X uanzang laisse une court description des grottes d'Ajantâ, près d'Aurangâbâd : «Sur les frontières orientales du royaume, il y a une grande montagne qui offre des sommets entassés les uns sur les autres, des chaînes de rochers, des pics à double étage et des crêtes escarpées. Autrefois il y avait un couvent, qui avait été construit dans une sombre vallée. Ses bâtiments élevés et ses salles profondes occupaient les larges ouvertures des rochers et s'appuyaient sur les pics; ses pavillons et ses tours à double étage étaient adossés aux cavernes et regardaient la vallée.» Certaines des grottes étaient décorées de peintures murales représentant une multitude de buddhas.

quête des textes sanscrits prennent fin. Au début de la dynastie des Song, un pèlerinage officiel aura pourtant lieu, auquel participeront plus de cent cinquante moines. Mais à cette époque, d'une manière générale, les liens de la Chine avec l'Asie centrale se sont relâchés ; la Chine est dans une période de repli : au sud est fondé le Vietnam, au nord et à l'ouest de puissants royaumes se font menaçants. Les routes du bouddhisme se ferment. Malgré cela, son influence sur la pensée chinoise ne disparaîtra pas et la réaction confucianiste qui se développe aux XIe et XIIe siècles en reste imprégnée.

Religion syncrétique, le manichéisme a été introduit chez les Turcs ouïgours par les Sogdiens, qui assuraient une grande partie du commerce caravanier. Les découvertes archéologiques faites à Turfan, dans la région du Xinjiang, ont révélé sa diffusion et son importance dans les familles dirigeantes turques.

Venus de Perse, le mazdéisme et le manichéisme

La grande proscription de 843-845 frappa également les autres religions d'origine étrangère qui avaient atteint la Chine depuis plusieurs siècles, qu'il s'agisse du mazdéisme, du manichéisme ou du nestorianisme. La distinction n'est pas toujours claire aux yeux des Chinois entre les trois religions : ce sont toutes des doctrines persanes.

Le mazdéisme ou religion de Zoroastre naît en Perse et y devient la religion officielle de l'Empire sassanide jusqu'à la conquête islamique. Il apparaît en Chine du Nord au VIe siècle et y est connu sous l'appellation de «culte du dieu céleste du feu». Plusieurs temples semblent avoir été établis au

La représentation du Christ en croix n'apparaît pas avant le VIᵉ siècle dans l'iconographie chrétienne. Les nestoriens, dont la doctrine a été condamnée au Vᵉ siècle, n'adoptèrent pas cet usage, mais continuèrent d'utiliser le symbole de la croix sans crucifixion. La croix n'était pas pour eux celle de la passion du Christ; elle était la croix de son triomphe final. Il n'était pas concevable de représenter les souffrances du Christ qui «par sa mort avait vaincu la mort».

VIIᵉ siècle dans les capitales Chang'an et Luoyang, mais aussi à Dunhuang et dans d'autres oasis de la Route de la Soie. Mais il restera une religion d'étrangers pratiquée par des «barbares» : ses conceptions et ses pratiques, trop éloignées des idéaux chinois, lui interdisaient toute assimilation.

Une autre religion, d'origine iranienne, le manichéisme, pénètre en Chine vers la fin du VIIᵉ siècle. Malgré un dualisme très étranger aux conceptions chinoises, la religion de Mani, connue sous le nom de religion de la Lumière, remporte un certain succès, grâce à l'incorporation d'éléments bouddhiques et taoïques. Šakyamuni et Laozi deviennent les précurseurs de Mani. Un *Catéchisme de la religion du Buddha de Lumière* est même composé dans la capitale en 731, sur ordre impérial. Mais, surtout, le manichéisme devient la religion officielle des Turcs ouïgours du Turkestan chinois. Frappé lui aussi par la proscription de 843-845, il ne laissera en Chine que des traces minimes.

Le nestorianisme connaît une vie plus longue dans l'empire du Milieu

Le nestorianisme eut une influence plus profonde. A la suite du concile d'Ephèse en 431, où la doctrine de l'évêque Nestorius, qui distinguait la nature divine et la nature humaine du Christ, avait été condamnée comme hérétique, le nestorianisme s'était répandu en Perse et jusqu'en Inde et en Chine. La découverte, au xviie siècle, d'une stèle datée de 781 dans la région de Xi'an, près de l'ancienne capitale chinoise, a permis de situer l'époque de cette introduction du nestorianisme en Chine. Sur cette stèle de la «Propagation de la Religion Radieuse des Grands Qin dans l'Empire du Milieu», est relaté en chinois comment un certain Aluoben arriva à Chang'an en 635, porteur des livres saints, et fut reçu par l'empereur Taizong, qui l'autorisa à propager sa doctrine. Des textes furent traduits en chinois et des

L a stèle nestorienne, découverte en 1623 ou 1625, est conservée dans la «forêt des stèles» à Xi'an.

N é au XIIe siècle d'une lettre d'un mystérieux roi des Indes, le mythe du royaume du prêtre Jean persista longtemps. On en fit un roi chrétien, descendant des Mages, dont on s'enquit en vain dans toute l'Asie centrale avant de le chercher jusqu'en Ethiopie. Mort, il renaissait de ses cendres.

monastères furent ensuite fondés dans chaque préfecture.

Le mystérieux royaume du prêtre Jean

Le nestorianisme devait être embrassé par des marchands sogdiens et des Turcs. Mais, en 845, la proscription des religions étrangères frappa les monastères, qui comptaient avec les temples mazdéens plus de trois mille personnes. En Chine, il ne s'en relèvera pas. Mais il se maintiendra dans les steppes de l'Asie centrale et se répandra plus tard chez les Mongols. Lorsque ceux-ci conquièrent la Chine au XIIIe siècle, il connaît un regain de faveur en Chine du Nord; une partie de la famille du Grand Khan est nestorienne, ainsi que des conseillers et des précepteurs. Cette aventure chrétienne donnera naissance à la légende célèbre du mystérieux royaume du Prêtre Jean – prince chrétien qui aurait pris les musulmans à revers –, royaume que tous les voyageurs médiévaux occidentaux rechercheront.

A la différence de ces trois religions, l'islam, qui s'introduit en Chine à partir du milieu du VIIIe siècle, s'y implante solidement, même s'il ne touche que des minorités. Il y pénètre d'abord par l'Asie centrale, porté par la conquête musulmane. Mais il s'installe aussi en Chine du Sud grâce au commerce maritime que la Chine entretient avec le Moyen-Orient.

En Chine du Nord, l'islam pénètre à la faveur d'une conquête fulgurante. En moins d'un siècle, les Arabes sont aux avant-postes de la Chine. La bataille de Talas, près de Samarcande, en 751, devait marquer le reflux de l'expansion chinoise.

وسكني ومشكني وحولي وجالي ومآبي ومآبي ومآبي ولا لجني لمني ولا
تسلط علي مغيرا واجعل لي من لدنك سلطانا نصيرا اللهم اخزني بعنك وغنك

واخصصني بأمنك ومنك وتولني لاخبارك وخيرك ولا تكلني الي كلاءة غيرك
وهب لي عافية غير عافية وازرقني رفاهية غير أهية واكفني بآئي اللاوام

« Comme j'étais marchand, je fréquentais des gens de ma profession. Je recherchais particulièrement ceux qui étaient étrangers, tant pour apprendre d'eux des nouvelles de Bagdad que pour en trouver quelqu'un avec qui je pusse y retourner ; car la capitale du roi Mithrage est située sur le bord de la mer et a un beau port où il aborde tous les jours des vaisseaux de différents endroits du monde. »

Histoire de Sindbad le Marin,
les Mille et Une Nuits

CHAPITRE III
LE TEMPS
DES MARCHANDS

Plusieurs scènes de caravanes illustrent un manuscrit arabe de la *maqâma*, la « séance » d'Al-Harîrî (1054-1122), copié en 1237. Ce texte met en scène le fameux voyageur Abou-Zaïd.

Trait d'union entre les deux extrémités du monde, comme le furent jadis les Parthes, les Arabes monopolisent le commerce maritime jusqu'à l'époque des invasions mongoles. Après avoir répandu la terreur dans les esprits occidentaux, le vaste empire de steppes, que les Mongols contrôlent, favorise un renouveau des routes caravanières. Tandis que les voyages des Arabes restent essentiellement liés au trafic commercial, ceux des marchands chrétiens qui s'aventurent sur la Route de la Soie se doublent de missions religieuses.

Les géographes musulmans nous ont laissé de précieux témoignages sur les routes maritimes

Nombre de données relatives à la route maritime entre le golfe Persique, l'océan Indien et la mer de Chine nous sont connues grâce aux géographes arabes et aux relations de voyage qu'ils ont utilisées.

La plus ancienne de ces relations est une compilation, la *Relation de la Chine et de l'Inde*, rédigée en 851 à partir de plusieurs récits de marchands dont un certain Solaïman.

L'expansion de l'islam et l'extension du réseau d'échanges entre le monde méditerranéen, l'océan Indien et l'Extrême-Orient fournissent l'occasion du développement considérable de la géographie musulmane à partir du IXᵉ siècle. Les premières sources d'information viennent des marchands et des marins qui assurent le commerce. Les renseignements qui sont recueillis traduisent surtout une vision économique, mais qui laisse aussi, bien souvent, la place au merveilleux.

Abou-Zaïd de Siraf complétera cette compilation anonyme par une description du golfe Persique. Comme tant d'autres à cette époque, il ne s'était pas rendu lui-même dans ces contrées lointaines, mais il tenait ses informations de voyageurs. Ce texte inspirera de nombreux géographes musulmans qui le citeront, le copieront et parfois le pilleront.

Les fastes de la cour de Bagdad encouragent le commerce maritime entre le Moyen-Orient et l'Extrême-Orient

Le commerce maritime entre le Moyen-Orient et l'Extrême-Orient semble avoir connu de nouvelles conditions avec la fondation de Bagdad, en 762, et la croissance de l'Empire abbasside. A Bagdad se trouve alors la cour et l'ensemble de la famille du calife qui n'est plus dispersée comme l'étaient auparavant les Omayyades, éparpillés dans toute la Syrie. Bagdad devient une ville populeuse. Les échanges commerciaux avec l'Asie y sont encouragés par les fastes de la cour et le goût du luxe. L'importance de ce trafic peut être appréciée par les voyages, mais aussi par l'établissement de commerçants en Chine même.

❝ Il se sentit tellement incommodé de l'ardeur du soleil et de la terre échauffée [...[qu'il se détourna de son chemin pour aller se rafraîchir sous des arbres qu'il aperçut dans la campagne. Il y trouva, au pied d'un grand noyer, une fontaine d'une eau très claire et coulante. Il mit pied à terre et s'assit près de la fontaine, après avoir tiré de sa valise quelques dattes et du biscuit... Lorsqu'il eut achevé ce repas frugal, comme il était bon musulman, il se lava les mains, le visage et les pieds, et fit sa prière. **❞**
les Mille et Une Nuits

Les cartes chinoises terrestres les plus anciennes qui nous sont parvenues ne sont pas antérieures au XIIᵉ siècle. Cette carte due à Mao Kun (1511-1601), et publiée en 1628 dans le Wubei zhi (Traité des préparatifs militaires) de son petit-fils Mao Yuanyi, est en fait un patchwork de plusieurs cartes : on peut y voir l'île de Ceylan en haut à droite, la côte indienne en haut à gauche, les îles Maldives au milieu et, en bas, les côtes africaines.

Le grand port chinois auquel aboutissent ces marchands arabes est Canton

L'itinéraire décrit par la *Relation de la Chine et de l'Inde* fait partir les navires du golfe Persique, les fait déboucher dans l'océan Indien, gagner les îles Laquedives et Maldives, puis Koulam-Malaya, c'est-à-dire Quilon, au sud-ouest de l'Inde, Ceylan et les îles Nicobar et Andaman. Dans ces îles, où les gens vont nus, les marchands arabes signalent, comme le pèlerin bouddhiste Yijing deux siècles plus tôt, qu'on échange du fer contre de l'ambre ou des noix de coco. De là, les navires passent le détroit de Malacca, remontent par les côtes du Champa et arrivent à Canton.

Le voyage du golfe Persique en Chine demande huit mois en profitant de la mousson. Le retour ne peut se faire qu'après avoir liquidé les marchandises et trouvé une autre cargaison. Il faut encore attendre le renversement de la mousson pour pouvoir profiter des vents. Tout cela demande plus d'un an. D'après le marchand Solaïman, les commerçants arabes sont organisés à Canton sous l'autorité d'un chef, musulman lui-même et responsable de ses coreligionnaires auprès des autorités chinoises.

Sur place les autorités douanières appliquent une réglementation sévère et les taxes peuvent atteindre trente pour cent de la valeur des marchandises

Abou-Zaïd nous renseigne sur l'organisation du commerce à Canton. Sous la garde des autorités chinoises, les marchandises sont d'abord entreposées jusqu'à ce que tous les bateaux venus avec la même mousson soient

Les géographes musulmans, dont les plus célèbres vivent à Bagdad entre le IXᵉ et le XIIᵉ siècle, ont traduit et assimilé les connaissances géographiques de l'Antiquité grecque, persane ou indienne; au XIIᵉ siècle encore, la conception de Ptolémée reste vivante, comme on le constate avec le planisphère du géographe Al-Idrisi, né au Maghreb, qui fut le cartographe du roi Roger II de Sicile. Sur cette copie exécutée en 1844, les côtes de l'Afrique, terres presque vierges, représentées ici tout en bas, voisinent avec les côtes chinoises, séparées seulement par quelques îles.

arrivés. La garde peut être assurée pendant six mois.
Les droits prélevés par les Chinois sur les ventes
atteignent trente pour cent de la valeur des
marchandises. Le développement des échanges
maritimes se traduit par une réglementation
accrue du trafic.

Des commissariats à la marine marchande
sont établis, aux XIe et XIIe siècles, à Canton,
Hangzhou et Mingzhou, puis Quanzhou
(Zayton). Ils sont chargés de collecter les taxes
et d'exercer le monopole de l'Etat sur certaines
marchandises. Les taxes se montent à dix pour
cent sur les perles, le camphre et les articles de
petite taille, à trente pour cent sur les
carapaces de tortue, le bois de sapan et les
articles de grosse taille; elles sont
payées en nature.

" C'est le port où
toutes les nefs d'Inde
viennent avec maintes
marchandises
coûteuses et avec
maintes pierres...

Les jonques chinoises s'aventurent elles aussi jusqu'en Inde et peut-être dans le golfe Persique

Les Arabes n'étaient pas seuls à assurer le commerce par la voie maritime. On sait par exemple qu'après la bataille de Talas (l'actuelle Aoulie-Ata) en 751, qui mit fin à la fois à l'expansion musulmane vers l'est et à la présence active de la Chine en Asie centrale, un prisonnier chinois fut ramené dans son pays en 762, depuis le golfe Persique, par une jonque chinoise. La *Relation de la Chine et de l'Inde* mentionne aussi le transport des marchandises par des navires chinois entre Siraf et Canton. Ceux-ci ne pouvaient atteindre Bassorah, au fond du Golfe, en raison des hauts-fonds et de leur fort tirant d'eau. Etant donné leur plus grande capacité, ils étaient également plus lourdement taxés lorsqu'ils faisaient escale à Quilon.

Enfin, on connaît l'itinéraire décrit par le géographe chinois Jia Dan à la fin du VIIIe siècle, depuis Canton jusqu'au golfe Persique. Il complète, dans sa partie orientale, l'itinéraire de la *Relation*. Les distances sont calculées en journées de voyage. La durée totale jusqu'au détroit de

... précieuses de grande valeur et maintes perles grosses et bonnes. Et c'est aussi le port d'où les marchands du Mangi, ou du moins ceux de la région environnante, prennent le large. De telle sorte qu'en ce port va et vient si grande abondance de marchandises et de pierres, que c'est merveilleuse chose à voir. **"**

Marco Polo

Malacca correspond exactement au temps mis par Yijing à la fin du VIIe siècle pour effectuer le voyage. A partir de la côte de Malabar et de Quilon, l'itinéraire est moins précis, signe sans doute que les navires chinois étaient peu nombreux à se rendre jusque dans le golfe Persique. Les marchandises étaient probablement échangées le plus souvent à Quilon et transportées sur d'autres bateaux. De plus, à partir de la côte de Mascate, seuls les petits bateaux passaient le détroit d'Ormuz.

«Pour distinguer leur position géographique, les marins suivent l'étoile polaire pendant la nuit, le soleil pendant la journée et la boussole par mauvais temps»

Les progrès effectués dans le domaine de la navigation ont certainement leur part dans l'expansion de la Chine à cette époque. Les premiers témoignages concernant la boussole remontent en Chine à la dynastie des Han, avec la cuiller aimantée. Mais son utilisation pour la navigation n'intervient guère avant le XIe siècle. Jusque-là, comme le raconte le pèlerin Faxian au Ve siècle, les marins ne connaissent ni l'est ni l'ouest, ils ne se dirigent qu'à l'aide du soleil, de la lune et des étoiles; et par temps couvert, ils se contentent de suivre le vent sans se fixer d'autre direction.

On s'est parfois demandé qui, des Chinois ou des Arabes, avait introduit la boussole. Il est de fait que les premiers témoignages arabes écrits ne sont pas antérieurs au XIIIe siècle, tandis que plusieurs textes chinois du XIIe siècle montrent que la boussole était alors utilisée couramment par les marins chinois;

❝ Les magiciens frottent la pointe d'une aiguille avec un aimant naturel; elle est alors capable d'indiquer le sud... Certaines de ces aiguilles, une fois frottées, pointent vers le nord. ❞
Shen Gua (1034-1091)

désignée en Chine sous le nom d'«aiguille indiquant le sud», celle-ci consistait alors en une aiguille aimantée flottant dans un bol d'eau. Son perfectionnement permettra d'améliorer les conditions de la navigation.

Les textes chinois antérieurs au XIIIe siècle ne font pas référence à l'astrolabe, instrument utilisé couramment par les Arabes. Ce «preneur d'étoiles» qui servait à mesurer la hauteur des astres au-dessus de l'horizon était formé d'un disque. L'une des faces était graduée. Sur l'autre était figurée la projection d'une sphère sur un plan. A l'aide de l'anneau, appelé «araignée», on obtenait la position d'un point du ciel par rapport à l'observateur.

Le «Zhufan Ji» ou les mémoires d'un commissaire à la marine marchande à Quanzhou

Une manifestation éclatante de l'activité marchande nous est fournie, au XIIe siècle, par la *Description des peuples barbares*, le *Zhufan Ji* dû à Zhao Rukua, qui fut lui-même commissaire à la marine marchande à Quanzhou. Une partie de l'ouvrage contient des notices brèves sur les régions avec lesquelles la Chine des Song était en relation, Indonésie, Malaisie, Inde, Philippines, Corée, Japon, côte de la mer d'Oman, mais aussi sur des régions plus éloignées avec lesquelles les contacts restent hypothétiques – Egypte, côte de Somalie, Zanzibar.

L'autre partie fait l'inventaire des produits et des marchandises importées en Chine. Y figurent des bois aromatiques et des résines servant d'encens et de médicaments, de drogues ou de parfums : aloès du Cambodge, d'Annam ou de Palembang, santal de Java, oliban d'Oman et du Dhofar dont les autorités douanières distinguent treize sortes. Sont aussi importés des parfums et des épices : poivre de l'Inde, girofle des Moluques ou cardamome du Cambodge. D'autres produits servent à l'artisanat, comme

❝ Et vous dis que les arbres qui font le poivre sont plantés en hiver et sont arrosés souvent : ce sont des arbres domestiques. Ce poivre n'est point séché au four, comme on prétend dans nos régions. ❞

Marco Polo

l'ivoire d'Asie du Sud-Est mais aussi d'Afrique, et la corne de rhinocéros de l'Insulinde. La Chine ne cultivera le coton qu'à partir du XIIIᵉ siècle. Jusqu'alors, les cotonnades arrivent de l'Insulinde et d'Asie du Sud-Est, de l'Inde et de la Perse également.

    Au départ de Chine, la soie est encore un article important d'importation, mais les céramiques sont en plein essor. La porcelaine prend peu à peu une place capitale dans le commerce maritime. Par sa transparence, elle avait émerveillé les voyageurs arabes à Canton au IXᵉ siècle : «Ils ont de la poterie d'excellente qualité, dont on fait des bols aussi fins que des flacons de verre : on voit l'éclat de l'eau au travers, bien qu'ils soient en poterie.» (*Relation de l'Inde et de la Chine*).

❝ Et le poivre est naturellement de forme serpentine. Dans ces pays, on le charge en vrac sur les nefs, comme chez nous on charge le froment. ❞
Marco Polo

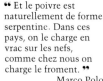

Les croisades et le renouveau des routes caravanières

Alors que le trafic par mer n'a cessé de se développer entre le Moyen-Orient et la Chine, les routes caravanières qui sillonnent l'Eurasie n'ont pas connu jusqu'alors un essor aussi important.

Les croisades seront l'un des éléments moteurs du renouveau de ces routes. Celles-ci bénéficient particulièrement aux marchands italiens, vénitiens ou génois, qui assurent le transport du ravitaillement, voire des hommes, vers la Terre sainte. Des comptoirs sont ouverts dans divers ports de la Méditerranée, à Corfou, Salonique, Nègrepont. En 1204, la prise de Constantinople par les croisés favorise l'installation des Vénitiens qui deviennent les maîtres de la ville. C'est là que la famille Polo a, semble-t-il, une maison de commerce tenue par Marco le Vieux, oncle du célèbre voyageur.

Les croisades sont l'occasion de la découverte du monde pour les Occidentaux. Elles transforment les courants du commerce méditerranéen. L'établissement des chrétiens dans les établissements d'Orient permet aux marchands d'Occident de s'aventurer jusqu'en Inde et en Chine. Ici, saint Louis s'embarque à Aigues-Mortes pour la septième croisade en 1248.

 cramen ad comm fu px
ti)at plenem mutabilite

Camphre, sucre, cannelle

P roduit très recherché pour la pharmacie et la parfumerie , le camphre venait de Chine et de l'Insulinde. Les camphriers étaient hachés, et le camphre distillé puis cristallisé et vendu en blocs ou en plaques.

S elon Marco Polo, le sucre se trouvait en abondance dans la région de Quinsaï. Les Mongols introduisirent en Chine de nouvelles techniques de raffinage, supérieures aux usages précédents venus de l'Inde : «Ils n'avaient point coutume de le faire reposer et de le laisser prendre en pains; mais, le faisant bouillir, ils se contentaient de l'écumer, et ensuite, quand il était froid, il restait comme pâte, et noir.»

L a cannelle de Chine, comme le gingembre, était déjà connue du médecin grec Galien au IIe siècle. D'abord utilisée dans des médications, elle devint rapidement un condiment.

thus.

Encens, noix de muscade

❝ L'encens blanc naît [sur les côtes de l'Arabie] fort bon, en abondance, et vous décrirai comme il naît. Je vous dis qu'il y a des arbres pas bien grands; ils sont comme petits sapins. On en entaille l'écorce en plusieurs endroits avec des couteaux, et par ces trous s'écoule l'encens, pareil à un liquide ou une gomme, goutte à goutte, en grande quantité. Ensuite cela durcit et forme l'encens. ❞

Marco Polo

❝ L'arbre qui produit les noix muscades est de même forme qu'un pêcher, ou poirier, excepté qu'il est plus grêle. Il a les feuilles rondes. Le fruit est de la forme d'une grosse pêche ronde, et au milieu est la noix, couverte d'une dure écorce, laquelle ne tient pas à la noix, qui est enveloppée d'une taie ou fleur aromatique appelée macis. ❞

Navigation et itinéraire dans l'Inde orientale, Jan Huygen van Linschofen, (1596)

Naissance de l'homme d'affaires au Moyen Age

Deux raisons paraissent pousser les marchands à rechercher de nouveaux débouchés vers l'Orient lointain. D'abord, le renchérissement des marchandises précieuses, soies de Chine ou épices, dû aux bénéfices et aux taxes prélevées lors de transactions successives dans les régions sous le contrôle des musulmans. Il existe un déséquilibre commercial entre ces articles d'importation coûteux et ceux que les Européens exportent, laine et toile essentiellement. Les risques dus aux voyages conduisent les marchands à s'associer et à répartir leurs capitaux dans des entreprises différentes. Le système le plus fréquent à Venise est la *colleganza*, qui réunit un capitaliste apportant l'essentiel des fonds et restant sur place et un marchand fournissant le reste du capital et assurant les transactions. Au retour, les bénéfices sont partagés par moitié.

L'autre cause est l'unification des peuples de l'Asie sous la férule de l'Empire mongol et l'établissement d'une paix relative permettant la circulation à travers les steppes. En effet, Gengis Khan, puis son fils

❝ Les épices sont à la fois les premiers objets du commerce du Moyen âge et ceux qui, jusqu'au bout, n'ont cessé d'y occuper la place principale; de même qu'elles ont provoqué la richesse de Venise, elles ont fait aussi celle de tous les grands ports de la Méditerranée occidentale. ❞

H. Pirenne, 1963

Ögödeï, parviennent à rassembler les tribus mongoles, occupent le Turkestan, la Perse et l'Afghanistan. Les Mongols envahissent les plaines de Hongrie, semant la terreur dans l'esprit des Occidentaux. Mais lorsqu'ils s'attaquent à l'Orient musulman, l'intérêt succède à la peur en Europe : une alliance contre les musulmans serait-elle possible ? Plus tard, à l'est, les Mongols, avec Kubilaï, étendront leur empire vers la Chine du Sud – dont la conquête s'achève en 1279.

C'est alors que deux marchands vénitiens, Maffeo Polo et son frère Nicolo, prennent la route

Partis de Venise, en 1260, «sur une de leurs nefs chargée de marchandises variées et précieuses», les deux frères se rendent à Constantinople. Là, ils vendent, semble-t-il, leur cargaison, achètent «maints

❝ Ils me menèrent le long de la grand-rue, qu'ils appellent le grand canal et qui est bien large. Les galées y passent au travers et j'y ai vu des navires de plus de 400 tonneaux et plus près des maisons : et c'est la plus belle rue que je crois qui soit dans tout le monde... Les maisons sont fort grandes et hautes, et de bonne pierre les anciennes, et toutes peintes. ❞
Ph. de Commynes (1445-1509)

joyaux de grande valeur et beauté» et s'embarquent pour Soldaïa, comptoir vénitien de Crimée sur la mer Noire, «pour accroître leurs gains et leurs profits». A Soldaïa s'échangent les marchandises venues de Turquie et celles venues de Russie. Ensuite, leurs motifs de voyage deviennent obscurs. Déçus apparemment de leur séjour à Soldaïa, ils décident d'aller plus avant. Où? Pourquoi? Marco Polo, dans son *Devisement du monde*, n'apporte pas de réponse, pas plus que sur les conditions de leur voyage. On sait seulement qu'ils partent à cheval, sans doute en petit groupe plutôt que mêlés à une caravane et que, parvenus sur la Volga où règne Berke, ils lui offrent leurs joyaux pour obtenir sa protection et reçoivent au moins deux fois plus de biens qu'ils s'en vont vendre avec profit.

Comment les deux marchands font connaissance de Kubilaï Khan, le «Sire de tous les Tartares»

Après quelque temps, ils souhaitent rentrer à Constantinople avec un chargement de marchandises. Mais la route est coupée à la suite d'une guerre et les deux frères cherchent un autre chemin. En fait, ils partent à l'opposé, droit vers l'est, et parviennent

Outre les épices, les marchands italiens importent des tissus de soie, mais aussi de coton, que les Vénitiens nomment de son nom grec *bombacinus* et les Génois de son nom arabe *cotone*. Des étoffes orientales diverses parviennent en Occident : damas de Damas, mousselines de Mossoul, baldaquins de Bagdad, gazes de Gaza. Les bateaux rapportent aussi des colorants comme le brésil de l'Inde ou la cochenille ou encore des mordants comme l'alun.

ainsi à Boukhara. En raison des combats qui se succèdent entre les Tartares, nom donné alors aux Mongols, ils y demeurent trois ans. C'est alors que des envoyés de Kubilaï Khan, le «Sire de tous les Tartares», les emmènent jusqu'à Karakorum, résidence du Grand Khan. De l'objectif commercial initial des Polo, il n'est désormais plus guère question.

Chez Kubilaï, ils parlent de leur pays et surtout des affaires de la chrétienté. Celui-ci les charge d'ailleurs d'un message pour le pape, demandant l'envoi de cent savants pour lui expliquer la doctrine chrétienne. Munis de sauf-conduits et accompagnés d'un baron tartare qui, tombant malade, sera laissé en route, Nicolo et Maffeo Polo parviennent à Layas, dans le golfe d'Alexandrette, et s'y embarquent pour Acre. Ils y arrivent en avril 1269, seule date assurée, après avoir voyagé pendant environ trois ans depuis Karakorum. Ils apprennent que le pape est mort et que la réponse au message de Kubilaï ne pourra être donnée que par son successeur. Ils rentrent alors à Venise pour attendre son élection. Nicolo y retrouve son fils Marco, âgé maintenant de quinze ans.

•• Et quand il eut fait ladite lettre, le Grand Sire, avec de pieuses paroles, charge les deux frères de lui rapporter un peu de l'huile de la lampe qui brûle devant le sépulcre de Dieu à Jérusalem. ••
Marco Polo

Cy apres comence le liure de marc pol leſas meruailles dont la grant ai om
a lauoir comenur. Et des diuerses regions du monde
ur ſauoir la puir verite de diuerses regions du mon
de. Si preng ce liure ẽ et le faitiſ lire. ſi y trouueng les
grandiſmes meruailles qui y ſont eſcriptes. De la grãt
armenie. et de perſe. et des tartars. et dinde et de main
tes autres prouinces. ſi comme nie liure comptera p
ordres appartenant. de quoy meſſire marc pol ſages ẽ
nobles citoiens de veniſe recompte pour ce que il le

«Depuis que Notre Sire Dieu a façonné Adam, notre premier père, et Ève avec ses mains et jusqu'aujourd'hui, oncques ne fut Chrétien, Sarrazin, Païen, Tartare, Indien, ou autre homme de quelque sorte, qui ait vu, connu ou étudié autant de choses dans les diverses parties du monde, ni de si grandes merveilles, que ledit Messire Marco Polo; nul autre n'y fit autant de voyages ni n'eut autant d'occasions de voir et de comprendre.»

Rusticello de Pise, 1298

CHAPITRE IV
MARCO POLO

La légende de Marco Polo a donné lieu a des figurations diverses. Imaginé ici en costume tartare, armé d'un arc et d'un sabre, il n'a plus rien d'un marchand.

Nicolo et Maffeo Polo s'apprêtent à repartir auprès du Grand Khan. Cette fois, ils emmènent avec eux le jeune Marco pour une véritable odyssée qui durera vingt-cinq ans, de 1271 à 1295, et donnera lieu à un livre célèbre, *le Devisement du monde*, parfois appelé *Livre des merveilles*.

Après deux ans d'attente à Venise, le nouveau pape n'étant toujours pas élu, les frères décident de se mettre en route. Ils se rendent à Acre puis à Jérusalem, où ils obtiennent «un peu d'huile de la lampe du sépulcre du Christ» que Kubilaï leur aurait demandé «à cause de sa mère qui était chrétienne», puis gagnent Layas, munis de «lettres et privilèges» du légat du pape certifiant les raisons pour lesquelles leur mission n'a pu s'accomplir. Ils y apprennent que le légat pontifical vient d'être élu pape sous le nom de Grégoire X.

Avant de retourner à la cour de Kubilaï, les Polo reçoivent la bénédiction du pape.

Ils retournent alors à Acre où celui-ci leur donne des instructions pour le voyage. Il les fait accompagner non pas de cent savants, mais de deux frères dominicains habilités à exercer l'autorité papale dans ces régions lointaines et même à nommer des évêques et des prêtres. Arrivés à Layas, ils sont informés que les Sarrasins ravagent l'Arménie. Effrayés, les deux frères prêcheurs renoncent à aller plus loin et s'en retournent à Saint-Jean-d'Acre.

«Nos trois voyageurs se mettent en chemin, chevauchant par hiver et par été sans regarder à nul danger ou peine»

Le voyage d'aller est évoqué en quelques lignes : «Traversant des déserts d'une longueur de plusieurs jours et bien des passes difficiles, ils vont toujours de l'avant dans le sens du

Vent-Grec (nord-est) et de la Tramontane (nord), tant qu'ils soient venus auprès du Grand Khan.» Ils avaient peiné trois ans et demi. Les itinéraires suivis par les trois marchands ne sont pas connus avec exactitude, ni à l'aller ni au retour, le récit de Marco Polo décrivant aussi bien les lieux par où il est passé que d'autres dont il a seulement entendu parler.

Le voyage se fait exclusivement par terre. Dans la mesure où l'on peut reconstituer leur itinéraire à partir des mentions de régions faites par Marco, ils ont sans doute traversé l'Arménie et le pays des Tartares du Levant. Qu'ils soient ou non descendus

L' *Atlas catalan* de Charles V, d'où est tirée cette représentation du voyage des Polo, fut établi en 1375 à partir de la relation de Marco Polo. Il reflète la vision du monde peuplé d'êtres fantastiques qui avait cours au Moyen Age.

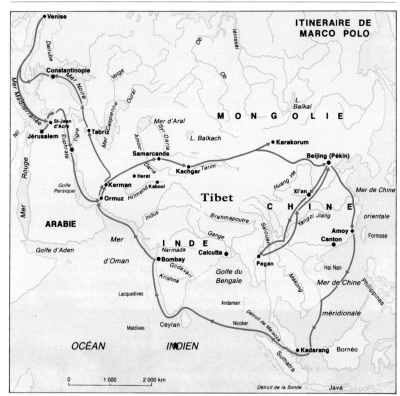

ITINÉRAIRE DE MARCO POLO

jusqu'à Curmos (Ormuz) reste en question. On les retrouve plus sûrement dans la contrée de l'Arbre-Sec, au sud-est de la mer Caspienne, puis à Balc (Balkh). Ensuite, par les Pamirs, ils débouchent à Kashgar et suivent la route du sud du Taklamakan, par Yarkand, Khotan, le Lobnor, arrivent dans la région de Dunhuang (appelé alors Shazhou, Saciu pour Marco) et, enfin, en Chine septentrionale.

«Le Grand Khan les reçoit avec honneur et leur fait grande fête. Il leur demande mille choses sur leur vie et comment ils s'étaient comportés en chemin»

Les trois voyageurs exposent leurs aventures et les résultats de leur mission à Kubilaï, mais ceux-ci sont assez maigres finalement, puisqu'aucun

Lorsqu'il part pour le Cathay, Marco Polo prend un itinéraire différent de celui qu'ont suivi son père et son oncle lors de leur premier voyage. Le retour, quinze ans plus tard, fait de Marco le premier grand voyageur occidental à emprunter la voie maritime.

savant ne les accompagne. Ils lui remettent seulement les «privilèges, lettres et présents» du pape, ainsi que l'huile de la lampe du sépulcre du Christ. Ensuite, le père et l'oncle de Marco Polo disparaissent du récit. Ont-ils repris leurs activités commerciales? Marco Polo est muet sur le sujet. On apprend seulement qu'ils sont demeurés un an avec lui à

Campçio (Ganzhou, dans la province du Gansu) pour leurs affaires. Ganzhou était l'un des centres caravaniers où s'échangeaient les marchandises, comme d'autres cités du Gansu, Dunhuang ou Liangzhou par exemple.

«Le jeune bachelier fait son ambassade avec grande sagesse et succès»

On apprend dans le *Devisement du monde* que, «lorsque le Grand Khan vit que Marco était si sage, il voulut éprouver sa prudence, espérant secrètement que Marco serait très capable d'obtenir ce qu'il désirait». Marco Polo est chargé par Kubilaï de plusieurs missions. Pour étonnante que la situation puisse paraître, il était en fait courant dans la politique des empereurs mongols de prendre à leur service des étrangers, chargés de contrôler, d'inspecter et de surveiller les fonctionnaires chinois. Dans le sud de la Chine surtout, le personnel administratif chinois était ainsi souvent encadré par des ressortissants d'autres pays du nord conquis eux aussi, Djurtchets ou Khitaï par exemple. Une mosaïque de personnages d'origines différentes et de métiers divers se rencontraient dans les capitales successives de Kubilaï : Tibétains, Turcs, Iraniens, Arabes, voire Hongrois, Russes ou Arméniens, le plus souvent déportés, comme ce Côme, orfèvre russe, cet autre orfèvre de Paris, Guillaume Boucher, ou encore cette Lorraine de Metz, Pâquette, mariée à un artisan russe.

Marco Polo a pour atout de savoir «plusieurs langues et quatre écritures et lettres». Il connaît sans doute le persan et le mongol, et peut-être le turc et l'arabe, mais il ignore vraisemblablement le chinois, tout comme les empereurs mongols. La fonction de Marco Polo, dans un premier temps, est celle d'inspecteur, voire d'agent de renseignement. Il est envoyé d'abord à Caragian (Dali, dans la province du Yunnan), royaume conquis

❝ Lorsque Marco fut retourné de sa messagerie, il s'en vint devant le Grand Khan et lui raconta toute l'affaire pour laquelle il était allé, et comment il l'avait achevée très bien. Puis il lui dit toutes les nouveautés et nobles choses qu'il avait vues en voyage, si bien et sagement que le Grand Khan et tous ceux qui l'ouïrent s'en émerveillèrent, et ils dirent entre eux : «Si ce jeune homme a longue vie, il ne faillira point d'être homme de grand sens». ❞

en 1253 par Kubilaï et dont le souverain est resté sur le trône, assisté d'un administrateur.

«Il demeura avec le Grand Khan bien dix-sept ans entiers et en tout ce temps il ne cessa d'aller en mission»

Marco Polo n'indique pas toujours les objectifs de ses missions. Le Grand Khan le délègue plusieurs fois à Campçio, à Quinsaï (Hangzhou) pour contrôler la perception des taxes, en Inde enfin. Marco reçoit en outre une charge importante, celle de gouverneur de

❝ Et vous dis encore qu'il y a une montagne où l'on trouve une sorte de pierres qu'on nomme turquoises, qui sont très belles et en grandes quantités. Mais là encore, le Grand Sire ne permet pas d'en prendre sans son commandement. ❞

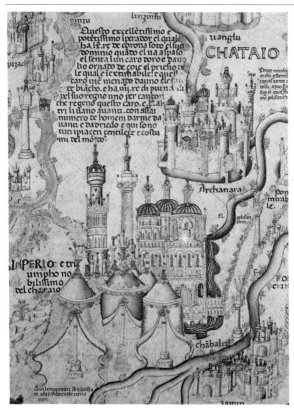

la région de Yangiu (Yangzhou) pendant une durée de trois ans.

Du reste de ses activités, on ignore à peu près tout. Seules restent les descriptions des régions qu'il visite. Mais les a-t-il toutes visitées lui-même ? On le voit à Cambaluc (Khanbalik), la ville du Khan, c'est-à-dire Pékin, à Quengianfu (Chang'an), l'ancienne capitale chinoise, à Sindufu (Chengdu, dans la province actuelle du Sichuan) et au Tibet, au Yunnan aussi. En revanche, les descriptions qu'il donne de Mien (la Birmanie), du Bengale, du Tonkin et de l'Annam ne sont peut-être pas fondées sur ses propres observations. Il décrit aussi les provinces actuelles du Shandong, du Jiangsu et de la vallée du Yangzi Jiang.

«La très nobilissime et magnifique cité qui, pour son excellence, importance et beauté, est nommée Quinsaï»

Quinsaï, l'actuelle Hangzhou, est la dernière capitale de la dynastie des Song à partir de 1132 : «C'est la plus grande ville qu'on puisse trouver au monde, et l'on peut y goûter tant de plaisirs que l'homme s'imagine être au paradis.»
La population, immense, est d'un million et demi de feux (en réalité, environ un million d'habitants, d'après les sources chinoises). Cette cité sur l'eau, qui comprendrait

Marco Polo raconte dans son récit qu'il était devenu un personnage important, familier de la cour du Grand Khan qui «lui faisait si grands honneurs et le tenait si près de sa personne que les autres barons en avaient grande envie».

douze mille ponts, émerveille notre Vénitien : «Les rues et les canaux sont longs et larges, si bien que les barques y peuvent passer à loisir, et les charrettes transporter les choses nécessaires aux habitants.» Hangzhou était devenue, depuis le début de la dynastie des Song, au début du XIe siècle, un grand centre de commerce maritime et fluvial, grâce à sa situation sur la côte et à l'extrémité du grand canal qui la reliait à la Chine du Nord. Marco Polo décrit la ville avec l'état d'esprit d'un marchand. Ce sont victuailles que l'on trouve toujours en grande abondance sur le marché, boutiques où se vendent toutes sortes de marchandises, épices, perles, joyaux... «Il y a tant de marchands, et si riches, qui font un si grand commerce, qu'il n'est nul homme qui puisse dire la vérité à leur égard, tant c'est chose démesurée.»

Ce sont aussi les quartiers de plaisirs avec leurs courtisanes, ceux des médecins, des astrologues et des artisans que Marco évoque. Mais il s'intéresse aussi, en fonctionnaire, à l'administration de la ville, à l'organisation de la garde, à la protection contre les incendies, à la voierie, à l'hygiène publique, aux impôts et, en particulier, aux taxes sur le sel, le sucre et sur l'ensemble des marchandises importées ou exportées, «car toutes choses payent un droit».

" Quinsaï a cent milles de tour ou à peu près, parce que ses rues et ses canaux sont très longs et très larges. Il y a des places carrées où l'on tient les marchés et qui, vu la multitude des gens qui s'y rencontrent, sont nécessairement très vastes et spacieuses. "

Dans sa description de Quinsaï, Marco Polo s'attarde plus sur les plaisirs que sur les rigueurs de la vie. Il mentionne pourtant, sans s'y attarder, les médecins ou encore les hospices «dont les anciens rois ont fait bâtir un nombre infini dans tous les coins de la ville» et où l'on fait entrer les infirmes.

«On trouve deux routes… Celle du Ponant traverse la province du Cataï, celle du Sirocco va vers la province du Mangi»

Dans sa description de la Chine, Marco Polo oppose le Nord et le Sud. Le Nord, c'est le Cataï, du nom de l'ancien royaume des Khitaï qui fondèrent la dynastie des Liao (960-1129). Le Sud, c'est la grande province du Mangi que l'on appelle aussi Cin et que les Mongols n'ont conquise que plus de soixante ans après Pékin. Cette division du monde chinois rappelle la distinction entre Sères et Thinai de l'Antiquité. Selon que la Chine est pénétrée par le nord ou par le sud, les voyageurs ne parviennent pas à se rendre réellement compte qu'il s'agit du même pays. Il faudra attendre le début du XVIIe siècle pour que cette ambiguïté soit levée totalement.

«Point n'est au monde cité où viennent tant de marchands, ni où arrivent pareilles quantités de choses aussi précieuses et de plus grande valeur»

De Cambaluc, capitale d'hiver du Grand Khan, il laisse une description plutôt froide. Il mentionne surtout les palais de Kubilaï et de son petit-fils et futur successeur Temur, mais aussi les fêtes que donne le Grand Khan pour son anniversaire et pour le nouvel an. Il note pourtant que les marchands sont

** Sur chacune de ces places, trois fois la semaine, se réunissent quarante à cinquante mille personnes qui viennent au marché et apportent tout ce que vous pouvez désirer en fait de victuailles parce qu'il y en a toujours une grande abondance; du gibier, chevreuil, cerf, daim, lièvre, lapin; et des oiseaux : perdrix, faisans, francolins, cailles, volailles, chapons, et tant d'oies, et tant de canards, qu'on ne saurait dire davantage. Ils en attrapent tant dans ce lac que, pour un gros d'argent de Venise, vous pourriez acheter un couple d'oies ou deux paires de canards. **

logés à l'extérieur de la ville elle-même : «C'est en ces faubourgs que logent et demeurent les marchands et tous autres hommes qui y viennent pour leurs affaires; et il en vient une grande quantité, ceux qui viennent à cause de la cour du Seigneur, et ceux pour qui la ville est un excellent marché. A chaque sorte de gens un caravansérail est réservé.»

Les marchands y sont nombreux et les denrées abondantes. «Et sachez pour vrai que chaque jour entrent en cette ville plus de mille charrettes uniquement chargées de soie, car on y fait beaucoup de draps de soie et d'or. Et ce n'est pas merveille, car en toutes les contrées environnantes, il n'y a point de lin : il convient donc de faire toutes les choses de soie. Bien est vrai, cependant, qu'ils ont en certains lieux coton et chanvre, mais non tant qu'il leur suffise; mais ils n'en produisent pas beaucoup, pour la grande quantité de soie qu'ils ont à bon marché, et qui vaut mieux que lin ou coton.»

•• Sachez donc que, le jour de sa nativité, le grand Khan se revêt des plus nobles habits d'or battu qu'il puisse avoir. Et bien douze mille barons et chevaliers, appelés les fidèles compagnons du seigneur, se vêtent d'habits de couleur et de façon pareilles à ceux du Grand Sire. ••

«Comment le grand Khan fait dépenser papier pour argent»

A plusieurs reprises, Marco Polo mentionne que dans telle ou telle ville on fait usage de papier-monnaie. Il y consacre d'ailleurs un chapitre. Il fait l'éloge de cette «alchimie» monétaire par laquelle des feuilles faites à partir d'écorce de mûrier et munies du sceau du Grand Sire prennent valeur d'or ou d'argent. «Elles sont fabriquées avec autant de garanties et de formalités que si c'était or pur ou argent, car maints officiers nommés pour cela écrivent leur nom sur chaque billet, y apportant chacun sa marque, et quand tout est bien fait comme il faut, leur chef, commis par le Seigneur, empreint de cinabre le sceau qui lui est confié et l'appuie sur le billet; et la forme du sceau humecté de cinabre y demeure imprimée : alors cette monnaie est valable, et si quelqu'un s'avisait de la contrefaire, il serait puni de la peine capitale jusqu'à la troisième génération.»

Marco Polo relève qu'en contraignant les possesseurs de pierres précieuses, de perles, d'or et d'argent à remettre au trésor leurs joyaux contre des billets de banque, le Grand Sire «doit avoir et a plus de trésor que nul homme de ce monde».
Il ne remarque pas pourtant l'importance de

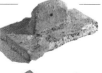

Depuis le VIIᵉ siècle, la Chine connaît l'imprimerie. Des images des «mille buddhas» furent d'abord reproduites en grand nombre avec de petits cachets de bois, des textes furent ensuite imprimés à l'aide de planches. Au XIᵉ siècle, Bi Sheng inventa l'imprimerie en caractères mobiles.

ces marques imprimées, pas plus qu'il ne semble s'être aperçu que les livres étaient reproduits grâce à l'imprimerie, ou plus exactement la xylographie, cela depuis déjà plus de trois siècles, alors que l'Europe attendra encore deux siècles la révolution de l'imprimerie.

«Comment de la cité de Cambaluc partent plusieurs routes qui vont par maintes provinces»

Le deuxième point qui retient l'attention de Marco Polo est l'organisation des postes et le réseau de relais, «plus de dix mille», qui permettent d'acheminer les messages, mais qui servent aussi d'étapes aux voyageurs, ambassadeurs, fonctionnaires en inspection ou marchands : «A chaque poste, les messagers trouvent un très grand palais, beau et riche, où ils peuvent loger, car ces auberges ont très riches lits garnis de riches tissus de soie, et ont tout ce qui convient à des messagers supérieurs; et si un grand roi y venait, il s'y trouverait encore très bien logé. Et encore vous dis que à ces postes les messagers du Grand Sire changent de cheval, car ils en trouvent bien quatre cents que le Grand Sire a attribués à

Le système de relais de poste étonna tous les voyageurs occidentaux. Il n'était pas nouveau en Chine, ses premiers éléments d'organisation remontant au premier empereur des Qin et à la centralisation de l'Etat à la fin du IIIᵉ siècle avant notre ère. Mais il fut considérablement développé par les Mongols qui l'étendirent à tout le territoire qu'ils dominaient, soit à une grande partie de l'Asie. En Chine même, raconte Marco Polo, plus de deux cent mille chevaux se trouvaient dans les postes et les relais se montaient à plus de dix mille.

chaque poste pour qu'ils y demeurent toujours à la disposition de ses messagers et ambassadeurs quand il les envoie en toutes directions pour ses affaires, afin qu'ils puissent quitter et laisser là l'animal fatigué et en prendre un frais... Et encore sachez que ces postes sont établis tous les vingt-cinq ou trente milles, comme je vous ai dit; et ils sont sur les principales routes qui vont vers les provinces.»

«Bien qu'ils se trouvassent fort riches en joyaux de grand prix et en or, un très grand désir de revoir leur contrée était toujours dans leur cœur»

Tout au long de leur séjour en Chine, les trois marchands auraient nourri le désir de retourner à Venise. Plusieurs fois, ils demandèrent au Grand Khan la faveur de les laisser repartir dans leur pays, faveur qui leur fut refusée. Une occasion leur permet pourtant de satisfaire ce désir. Alors que Marco Polo revient d'une ambassade en Inde, trois envoyés

d'Arghun, khan des Tartares du Levant, arrivent en Chine pour demander à Kubilaï «qu'il lui envoyât une dame qui fut du lignage de la reine Bolgana, sa femme, qui était morte». Ils étaient venus par voie de terre, mais leur retour est compromis par des combats et ils sont contraints de rebrousser chemin. Marco propose donc d'accompagner les envoyés d'Arghun et la princesse par la voie des mers. Solution qui est acceptée.

❝ Ainsi, Messire Nicolo voyant un jour le Grand Khan de bonne humeur, saisit l'occasion de le prier à genoux, au nom de tous trois, qu'il les laissât partir chez eux; dont il s'émut fort et répondit : «Pourquoi avez-vous envie d'aller mourir sur les routes? Dites-le moi. Si vous avez besoin d'or, je vous en donnerai bien plus que vous n'en avez à la maison. Et pareillement pour toute autre chose que vous demanderez.» Et il leur proposait tous les honneurs qu'ils eussent voulus. ❞

«Quand les nefs furent équipées, les trois barons et la dame, Messire Nicolo et Messire Maffeo et Messire Marco prirent congé du Grand Khan»

L'itinéraire de retour est plus facile à suivre que celui de l'aller. La mission a sans doute embarqué à Quanzhou, sur quatorze vaisseaux dont «chacun avait quatre mâts et maintes fois naviguait sous douze voiles». Après trois mois de voyage, elle parvient à Java la mineure (en fait Sumatra) et navigue dix-huit mois avant d'arriver au pays d'Arghun. Dans *le Devisement du monde*, Marco Polo évoque non seulement les régions dont il fréquente les côtes, mais aussi des lieux où il n'est vraisemblablement jamais allé – Madagascar, Zanzibar, l'Abyssinie, Aden. Il se fonde dans son récit sur des sources orales et écrites, et non sur sa propre expérience.

Marco Polo s'embarque peut-être à Zayton (Quanzhou), grand port du commerce avec l'Inde, «l'un des ports du monde où il parvient le plus de marchandises».

En réalité, il dut gagner le golfe Persique et débarquer à Ormuz. Là, il apprend que le roi Arghun est mort. La princesse est alors donnée à son fils. Et après un séjour de neuf mois, Marco Polo repart avec son père et son oncle vers Venise, par voie de terre cette fois, à travers la Turquie. Ils parviennent à Trébizonde sur la mer Noire, où est confisquée une partie des marchandises qu'ils rapportent. De là, par bateau sans doute, ils partent pour Constantinople et arrivent à Venise en 1295, après un voyage de plus de trois ans.

«Par le cours de sa vie, on peut comprendre et juger que ce noble citoyen est d'un esprit juste et excellent»

Dès lors, l'étonnante destinée de Marco Polo cède la place à la légende. Tout ce que l'on sait de lui après son retour à Venise provient essentiellement de divers testaments de la famille Polo : il a alors quarante et un ans, prend femme et donne naissance à trois filles. Il ne semble pas qu'il ait joui d'une quelconque gloire auprès de ces concitoyens de Venise.

Avec son père et ses oncles, puis seul, il se consacre à ses activités de marchand, cherche à récupérer les fonds perdus à Trébizonde et investit dans diverses affaires, en particulier dans le trafic des épices. A Venise il occupe une place honorable mais relativement modeste : il ne fera pas partie du grand conseil de la ville. Il acquiert avec sa famille une grande demeure qui sera connue sous le nom de Corte del Milione ou encore Ca' Polo. Il mourra à Venise, en 1324.

Ces informations bien maigres sont sans commune mesure avec la légende qui entoure sa vie. Celle-ci trouve son expression la plus éclatante avec Giovanni-Batista Ramusio, premier historien des grands voyages du Moyen Age, qui édite le récit de Marco Polo en 1553 dans sa grande compilation *Delle Navigazioni e Viaggi*. La légende avait pris forme dès le début du XIVe siècle avec Jacopo d'Aqui qui, dans son *Imago mundi*, mentionne que Marco était surnommé Milionus, «le Million». Pourquoi?

A en croire Ramusio, lorsque les Polo revinrent à Venise, nul ne voulut les reconnaître, à peine parlaient-ils la langue de Venise. Ils offrirent donc un banquet à tous leurs parents et familiers et y parurent avec de somptueux vêtements. De la doublure, qui fut décousue à la fin du banquet, ils sortirent des joyaux et des pierres précieuses qui ravirent leurs invités.

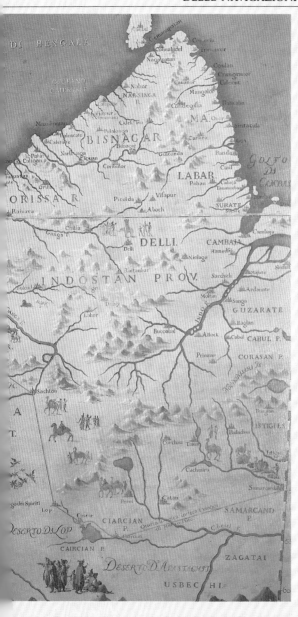

L e Vénitien G.B. Ramusio (1485-1557) fit beaucoup pour rendre Marco Polo célèbre. Chargé de plusieurs ambassades en France et en Suisse, il est connu surtout pour sa compilation, rédigée en 1553, *Des navigations et des voyages*. Parmi d'autres récits intéressant l'Afrique, l'Asie et l'Amérique, il y présente le voyage de Marco Polo, dont on peut suivre ici l'itinéraire depuis Samarcande jusqu'en Chine. Sur cette carte indiquant les principaux lieux cités par Marco Polo, le sud est en haut. A Succiu (Suzhou, dans la province actuelle du Gansu), les cartographes notent que l'on trouve en abondance de la rhubarbe, plante qui était exportée par les routes de la soie jusqu'en Occident où ses vertus médicales étaient fort appréciées.

On a pensé parfois que ce qualificatif
s'appliquait à «l'homme aux millions» et
résultait des richesses et des joyaux que
Marco Polo avait vus et qu'il aurait rapportés.
On l'a appliqué aussi à son récit, *le Livre du
million*, dont les merveilles qu'il contenait
n'étaient peut-être trop souvent que
des exagérations. Selon Jacopo
d'Asti, on aurait demandé à
Marco Polo, avant sa mort, de
corriger ces exagérations. A quoi
il aurait répondu qu'il n'avait pas
raconté la moitié de ce qu'il
avait vu. Il est possible enfin que
l'appellation de «million» vienne
tout simplement du nom du palais
que les Polo ont acheté, la Corte del
Milione, qui aurait appartenu à une
famille Milioni.

«N'aimant pas rester oisif, il pensa qu'il pourrait composer ledit livre pour le plaisir des lecteurs»

En 1298, sans doute lors d'un combat naval entre
Génois et Vénitiens, Marco Polo est fait prisonnier
et emmené à Gênes. Il n'est pas certain qu'il ait été
emprisonné, peut-être a-t-il seulement été retenu
en otage. Quoi qu'il en soit, c'est à Gênes

L a rivalité entre
Génois et Vénitiens
pour assurer leur
suprématie sur le
commerce avec
l'Orient est
permanente au XIIIe et
au XIVe siècle. En 1298,
Marco Polo est le
capitaine d'une des 32
galères engagées dans
la bataille de Curzola
sur la côte dalmate, et
qui voit la défaite de
Venise.

qu'il rencontre Rusticello de Pise, qui, lui, avait été fait prisonnier en 1284. Rusticello était un écrivain de cour, auteur de romans de chevalerie rédigés en français dont deux nous sont restés. Il exerçait son emploi auprès des rois Henri III puis Edouard Ier, en Angleterre. Marco Polo dicte donc ses souvenirs à Rusticello, lui-même ayant pris peu de notes.

«Ici commence le livre qui est appelé la "Description du monde"»

Ce livre allait connaître une fortune considérable. On suppose qu'il fut d'abord écrit en français, mais il existe d'autres versions en latin, en toscan, en vénitien, et des traductions diverses : cent quarante-trois manuscrits ont ainsi été recensés. Les titres sous lesquels l'ouvrage est connu sont divers : *le Devisement du monde*, *le Livre des merveilles*, ou encore *Il Milione*.

Ce récit d'aventures, à la fois reportage ethnographique et recueil de fables, prend sa place parmi les livres des merveilles, mêlant le rêve et la réalité, qui trouvent leur aboutissement avec le fameux *Livre des merveilles* de Jean de Mandeville. Celui-ci, probablement médecin français se faisant passer pour un Anglais, rédigea en 1371 un ouvrage composé de pièces et de morceaux tirés d'autres récits de voyage, sans avoir, semble-t-il, voyagé lui-même en Asie comme il le prétendait. Mais le succès de son

** Venise est née de rien, d'un peu de boue et de l'écume de la mer, comme Vénus, sa presque homonyme. C'est une des plus belles leçons pour l'histoire de l'humanité que la naissance, le développement, la maturation d'une ville dans le site le plus hostile qui soit à l'urbanisation. Ville décharnée, sans assise rurale, loin des champs et des vendanges, qui a dominé, exploité et en partie peuplé le seul empire colonial que le Moyen Age ait connu, qui, étendant son empire sur les mers, puis partant à la conquête de son arrière-pays, est devenue une des plus grandes puissances européennes; une ville qui a reculé les frontières du monde connu, dévoilant aux Occidentaux l'Extrême-Orient à travers le témoignage de Marco Polo, le Sahara et l'Afrique noire grâce aux rapports de Ca'da Mosto, les Amériques à la suite de Sébastien et Jean Cabot. **
P. Braunstein, R. Delort

livre dépassera largement celui du *Devisement du monde*, puisque pas moins de deux cent cinquante manuscrits nous ont été conservés.

«Il n'avait consigné lui-même que bien peu de choses dont il a souvenir encore aujourd'hui»

Par son livre, Marco Polo, avec l'aide de Rusticello, se présente plus comme un conteur que comme un marchand offrant ses expériences de voyage en Asie. Il est inspiré par la tradition des bestiaires et des ouvrages encyclopédiques tel que *l'Image du monde*, ou des romans légendaires comme le *Roman d'Alexandre*, très prisés au Moyen Age. En plusieurs endroits, Marco Polo, ou Rusticello, ne fait que reproduire des descriptions déjà connues. Ainsi des animaux fabuleux ou des peuplades fantastiques qui font partie de l'imaginaire médiéval. Ainsi des grands serpents, dans le pays de Caragian, «tellement démesurés que tous les hommes s'en doivent

En Perse, Marco Polo aurait entendu les légendes que l'on racontait au sujet des trois rois mages qui avaient apporté à l'enfant Jésus l'or, l'encens et la myrrhe. En échange, celui-ci leur offrit une cassette qu'ils ne devaient pas ouvrir. Ils l'ouvrirent pourtant et virent qu'elle ne contenait qu'une pierre. Se croyant moqués, ils la jetèrent dans un puits d'où elle émit un feu ardent. De là venait, disait-on, qu'en Perse on adorait le feu.

émerveiller; à voir et à regarder sont choses très hideuses». Ils tiennent du dragon familier des bestiaires, mais, avec leurs pattes griffues, leur corps «aussi gros qu'un tonneau», leurs dents énormes et leur gueule «si vaste qu'ils peuvent bien engloutir un homme d'un seul coup», ils évoquent aussi les crocodiles.

Les cynocéphales que Marco Polo aurait vus dans l'île d'Angaman figuraient depuis longtemps dans la panoplie des merveilles de l'Inde. Est-ce un emprunt au *Roman d'Alexandre*, qui connaissait alors un grand succès et racontait l'épopée d'Alexandre avec force détails imaginaires puisés aux sources gréco-romaines? On retrouve ces hommes à tête de chien sur le tympan de la basilique de Vézelay.

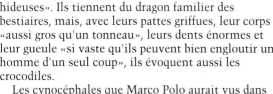

«Sans doute il y a ici certaines choses qu'il ne vit pas : mais il les tient toutes d'hommes dignes d'être crus et cités»

Marco Polo semble toujours osciller entre la réalité et la fable, suivant parfois aveuglément la tradition du merveilleux, mais apportant ailleurs sa vision personnelle, neuve. Ainsi du rhinocéros, un unicorne, qu'il assure n'être «point du tout comme nous, d'ici, disons et décrivons, quand nous prétendons qu'il se laisse attraper par le poitrail par une pucelle. C'est tout le contraire de ce que nous croyons». De même pour la salamandre, qu'il affirme ne pas être un animal, mais dans laquelle il faut reconnaître des toiles d'amiante : «La salamandre dont je parle n'est ni bête ni serpent, car point n'est vrai que ce tissu soit du poil d'un animal vivant dans le feu.»

Les indications qu'il donne sur les productions et les diverses activités commerciales des pays qu'il traverse sont nombreuses mais peu précises. Il ne mentionne aucun rapport avec d'autres marchands

européens. Ce qui retient surtout son attention, c'est le trafic portuaire et maritime. Il s'attarde en particulier sur les navires qui assurent le transport des marchandises entre la Chine et l'Inde.

«Nul ne fit autant de voyages, ni n'eut autant d'occasions de voir et de comprendre»

L'aventure de Marco Polo n'est pas unique à cette époque mais, au XIIIe siècle, les voyages d'Européens en Asie sont plutôt le fait de missionnaires, envoyés du pape ou du roi de France. Ils sont pourtant les premiers marchands qui aient tenté cette expérience dont on a gardé une trace. D'une manière générale, les marchands n'écrivent pas le récit de leurs voyages. Circulent-ils en caravanes organisées à travers l'Asie centrale, ou bien en petits groupes munis de recommandations et usant du système de relais établi par les Mongols? On est certes bien informé sur les allées et venues des marchands en Europe et dans le bassin méditerranéen, mais au-delà, une certaine obscurité demeure, même au XIVe siècle.

Il est certain pourtant que des Italiens se sont rendus en Chine et y ont demeuré. Des pierres tombales datant des années 1342-1344 ont été retrouvées à Yangzhou. On connaît aussi un certain Andalo de Savignone, marchand génois installé en Chine qui fut, en 1336, envoyé en Europe par l'empereur de Chine pour y chercher des chevaux.

En tant que marchands, Nicolo et Maffeo Polo restent des pionniers. Mais leur second voyage, auquel s'est joint Marco, n'est pas une expédition marchande. C'est une mission diplomatique, religieuse : ils sont les envoyés du pape et, comme tels, ne sont pas les premiers. Des religieux, franciscains ou dominicains, les ont précédés, soit comme émissaires du pape, soit comme envoyés du roi Saint Louis. Eux aussi ont laissé des récits de leurs

La révolution commerciale qui transforme l'Europe entre le XIe et le XIIIe siècles se manifeste par une accélération de la circulation des biens, l'extension des zones d'échanges et le progrès des techniques commerciales. Le commerce avec la Chine intéresse autant les Génois que les Vénitiens. La célébrité de Marco Polo fait oublier que bien d'autres ont fait le voyage au Cathay.

missions, récits qui, pour certains, sont aussi riches d'informations, sinon d'inventions, mais qui n'auront pas tous la notoriété de la relation de Marco Polo. Le grand succès du *Livre des merveilles* reste dû, en grande partie, à la légende développée à partir du XVIᵉ siècle par Giovanni-Batista Ramusio qui, en publiant le livre de Marco Polo dans sa grande collection de voyages, voulut en faire une nouvelle *Odyssée* – et de Marco Polo un autre Ulysse.

Caravane du Pamir

Deux fois par an, les Kirghizes du Pamir organisent une caravane. Depuis le Petit Pamir, à la frontière chinoise, jusqu'à Kandud, ils suivent le cours supérieur de l'Amou Daria sur près de quatre cents kilomètres pour s'approvisionner en sel, en sucre, en thé et en articles indispensables. Avant la prise du pouvoir par les communistes en Chine, en 1949, ils descendaient plutôt jusqu'à Kashgar, dans la province du Xinjiang.

Un immense désert

❝ Par cette plaine on va chevauchant douze journées et elle est appelée Pamir. Pendant ces douze journées, on ne trouve ni habitation ni auberge, mais c'est un désert tout le long de la route, et l'on n'y trouve rien à manger : les voyageurs qui doivent passer par là, il convient qu'ils emportent avec eux leurs provisions. Là ne sont aucuns oiseaux, à raison de la hauteur et du froid intense, et pour ce qu'ils n'y pourraient rien trouver à manger. De plus, je vous dis qu'à cause du grand froid, le feu n'est pas aussi clair et brûlant, ni de la même couleur que dans les autres lieux, et les viandes ne peuvent pas bien cuire.❞

Marco Polo

Les esprits des montagnes

❝ Les esprits des montagnes sont méchants et cruels, et causent souvent de grands malheurs. On n'y entre qu'après avoir offert un sacrifice; on peut alors aller et venir en toute sûreté, mais si on ne leur adresse point de prières, on est assailli par le vent et la grêle. Le climat est froid; les mœurs sont vives et emportées; les hommes sont d'un naturel pur et droit. ❞

Vie de Xuanzang

« S i le Seigneur Pape qui est le chef de tous les chrétiens voulait envoyer avec honneur un évêque, pour répondre aux sottises que ces gens-là ont par trois fois écrites aux Francs, il pourrait leur dire ce qu'il voudrait, et obtenir aussi d'eux une réponse par écrit. Car ils écoutent tout ce qu'un ambassadeur veut leur dire, et toujours ils lui demandent s'il veut en dire davantage. »

Guillaume de Rubrouck, 1254

CHAPITRE V
LE TEMPS DES MISSIONNAIRES

L e concile réuni à Lyon en 1245 permet au pape Innocent IV de faire déposer l'empereur Frédéric II qui s'opposait à lui vigoureusement et qui avait été excommunié deux fois. Mais l'un des buts essentiels de ce concile est de faire front aux invasions mongoles.

A l'époque où la Route de la Soie s'ouvre aux marchands occidentaux, aux XIIIe et XIVe siècles, elle se voit parcourue également par des missions religieuses. Comme jadis le bouddhisme, le catholicisme s'introduit en Chine à la faveur des échanges commerciaux.

Les ambassades missionnaires, qui prennent place à partir du milieu du XIIIe siècle pour évangéliser les Mongols, s'inscrivent d'abord dans un mouvement de rapprochement de l'Eglise romaine avec les Eglises d'Orient, et de conversion des peuples païens de l'Asie.

L'Eglise romaine sur les routes d'Orient

En 1241, la mort du Grand Khan Ögödeï accorde un sursis à la conquête mongole dont les hordes ont déferlé jusqu'au Danube. Une partie des troupes reflue

❝ Quand le Siège Apostolique nous confia le mandat de nous rendre auprès des Tartares et des autres nations d'Orient, [...] nous nous sommes mis en route en premier lieu vers la Mongolie. Nous vivions alors dans la crainte du péril dont les Tartares menaçaient l'Eglise. Nous redoutions d'aller au-devant de la mort ou de la captivité, de la faim, de la soif, du froid rigoureux, des chaleurs caniculaires, des outrages et de souffrances au-dessus de nos forces, épreuves en fait que nous avons subies plus que nous l'avions prévu, hormis la mort et la détention. Mais nous n'osions pas nous soustraire à la volonté de Dieu ni à l'accomplissement de notre tâche. Nous voulions être utiles en quelque sorte aux chrétiens. ❞
    Jean de Plan Carpin

alors vers l'Orient. La terreur qu'ils répandent les fait assimiler, dans l'esprit des chrétiens, au peuple de Gog et Magog évoqué par le prophète Ezéchiel : «Tous montés sur des chevaux, troupe énorme, armée innombrable... tu seras comme un nuage qui recouvre la terre...» Peu à peu, pourtant, la panique cède la place à un effort pour nouer des contacts. En 1245, le pape Innocent IV décide d'envoyer deux missions chez les Mongols, pour tenter de conclure la paix et pour chercher à les convertir.

L'une est confiée au franciscain Jean de Plan Carpin, l'autre aux dominicains Ascelin de Crémone et André de Longjumeau. Ces deux derniers se contentent de remettre les lettres du pape aux avant-gardes mongoles, sans pousser plus avant. N'ayant pas consenti à suivre la coutume mongole de s'agenouiller à deux genoux devant le khan Baiju, Ascelin échappera d'ailleurs de peu à la mort. Dans sa réponse, Baiju s'étonne de cette insulte et exige que le pape se rende en personne chez le Grand Khan.

L'envoyé du pape Innocent IV mène son enquête dans l'Empire tartare

Jean de Plan Carpin, âgé de près de soixante ans, part de Lyon, en avril 1245, avec un confrère; à partir de Breslau, il est accompagné d'un autre religieux qui doit lui servir d'interprète. Il profite, pour le voyage en territoire mongol, du système de relais établi par les Tartares, pouvant changer cinq à sept fois de monture dans la journée. A Karakorum, où il arrive en juillet 1246, il assiste au couronnement de Güyük, obtient une audience et reçoit une réponse à la lettre du pape. Mais sa mission ne rencontre pas plus de succès que celle des deux dominicains. Güyük, le Grand Khan, réclame la soumission du pape. Jean de Plan Carpin repart en novembre, par le même chemin, et arrive à Lyon un an plus tard.

Ce voyage reste toutefois très important, grâce aux

Lettre du Khan Güyük au pape Innocent IV (1246).

informations que le missionnaire a recueillies. Plus qu'une relation de voyage, son *Histoire des Mongols* est le rapport d'une mission d'information. A côté de légendes fantastiques qu'il rapporte avec une crédulité courante à cette époque, Jean de Plan Carpin fournit un témoignage anthropologique précieux sur les Mongols. Il s'attache surtout aux problèmes de la guerre et indique les moyens de leur résister. Dans son esprit, il importe plus de les combattre que de les convertir. Mais son appel pour défendre la chrétienté en danger restera sans effet.

Guillaume de Rubrouck porte la Bonne Nouvelle aux Mongols

Les missions qui succèdent à celle de Jean de Plan Carpin sont envoyées par Saint Louis, dans un même but de rapprochement avec les Mongols. C'est d'abord l'ambassade d'André de Longjumeau qui, revenant du Moyen-Orient, repart en 1249 de Nicosie, où se trouve Saint Louis, avec deux autres dominicains. Mais le Grand Khan Güyük est mort et la régente se trouve non plus à Karakorum mais près du lac Balkach. La réponse est cinglante. Il est ordonné au roi de France de faire allégeance et de payer tribut. Saint Louis décide d'envoyer un nouvel émissaire, Guillaume de Rubrouck, un franciscain flamand de ses proches, qui souhaitait précisément porter la Bonne Parole aux Mongols. Le frère Guillaume, en robe de bure et les pieds nus, s'embarque donc à

❝ Il est écrit dans l'Ecclésiastique à propos du sage : il passera par la terre des peuples étrangers, il fera l'épreuve en toute chose du bien et du mal. Cela, je l'ai fait, Seigneur, mon Roi; puissé-je l'avoir fait en sage et non en sot! Beaucoup, en effet, font ce que fait le sage, mais sans sagesse et très sottement; je crains de faire partie de leur nombre! Toutefois, quelle qu'en soit la manière, je l'ai fait; vous m'aviez dit, quand je vous ai quitté, d'écrire pour vous tout ce que je verrai parmi les Tartares et m'avez enjoint de ne pas craindre de vous écrire longuement; j'accomplis ce que vous m'avez ordonné, avec crainte et humilité, car je n'ai pas les mots qu'il faudrait pour m'adresser à une si grande Majesté. ❞

Guillaume de Rubrouck

❝ Le saint roi s'efforça, de tout son pouvoir, par ses paroles, de me faire croire fermement, comme vous l'entendrez ci-après, en la loi chrétienne que Dieu nous a donnée. Il disait que nous ne devions croire si fermement les articles de la foi, que nous ne devions jamais avoir la volonté d'aller contre, en paroles ou en actions, quand bien même la mort et la souffrance atteindraient nos corps. ❞

Joinville, *Histoire de Saint Louis*, (1309)

Constantinople en mai 1253 pour Soldaïa en Crimée. Il est muni d'une lettre de recommandation pour Sartak, fils de Batu, khan de la Horde d'Or et responsable de l'expansion mongole vers l'ouest, dont le campement est situé près de la Volga. Sartak, disait-on, s'était converti et avait été baptisé. Il semble en fait qu'il ait été nestorien. La lettre, une fois traduite par les secrétaires arméniens de Sartak, prend un tout autre sens. Alors qu'elle ne contenait que des généralités sur la reconnaissance du christianisme, elle est comprise comme une demande de coopération militaire contre les musulmans. Sartak ne peut prendre de décision sans en référer à son père, Batu, à qui il envoie frère Guillaume; Batu lui-même renvoie Guillaume au Grand Khan Möngkä, successeur de Güyük à Karakorum.

Guillaume suit un itinéraire assez proche de celui de Jean de Plan Carpin et arrive en décembre 1253 à Karakorum. Mais, entre-temps, la lettre de Saint Louis s'est perdue et les Mongols s'interrogent sur la raison de l'ambassade de Guillaume. Car il ne peut être qu'un ambassadeur, un messager. Pourtant, lui-même s'en défend, il se veut missionnaire. Son ambition est seulement de rester parmi les Mongols «pour faire le service de Dieu». Cette faveur lui est accordée, mais pour peu de temps. Ensuite, il est renvoyé, porteur d'une lettre de Möngkä, dans laquelle celui-ci demande à Saint Louis sa soumission, ainsi que l'envoi d'ambassadeurs officiels. Parvenu à Saint-Jean-d'Acre, il y est consigné par son supérieur religieux. C'est donc d'Acre qu'il écrit sa longue lettre à Saint Louis sur son *Voyage dans l'Empire mongol*, puisqu'il n'est pas autorisé à le rejoindre.

Moins connu que le livre de Marco Polo, le récit de Guillaume de Rubrouck est pourtant plein d'intérêt

Le récit capital de Guillaume de Rubrouck, qui n'a pas eu le succès de celui de Marco Polo, fourmille cependant d'observations précises, judicieuses, œuvre d'un véritable ethnologue, bien éloignée d'un livre des merveilles. Il est le premier à identifier le

" C'est le commandement du Dieu éternel que nous vous donnons à connaître. Quand vous aurez entendu et que vous aurez cru, si vous voulez nous obéir, envoyez-nous vos ambassadeurs : ainsi nous saurons avec certitude si vous voulez avoir la paix ou la guerre avec nous. Lorsque, par la puissance du Dieu éternel, du lever du soleil jusqu'à son coucher, le monde entier sera uni dans la joie et la paix, alors apparaîtra ce que nous avons à faire. "
Lettre du khan Möngkä au roi Saint Louis, d'après Guillaume de Rubrouck

Sur cette miniature sont représentés des moines franciscains récoltant des plantes en Asie. Guillaume de Rubrouck est frappé par la bonne connaissance que les médecins chinois ont des herbes médicinales. Parmi les plantes, la rhubarbe, transportée à grands frais par les Sarrazins jusqu'en Occident, était particulièrement appréciée. Guillaume de Rubrouck lui-même, tombé malade en Chine, fut soigné avec de la racine de rhubarbe réduite en poudre et macérée dans l'eau. Mais, nous dit-il, cela faillit le faire mourir.

Cathay (Cataï) et le pays des Sères. Tout l'intéresse des peuples qu'il rencontre : leurs coutumes, leur habitat, leurs fêtes, leurs rites religieux. Il se préoccupe du sort des Européens émigrés, comme ces esclaves allemands déportés à Talas puis en Dzoungarie pour y travailler dans des mines de fer; il se lie avec le maître orfèvre Guillaume Boucher de Paris, dont le fils adoptif lui sert d'interprète. Il rencontre une femme de Metz, Pâquette, qui est au service d'une «dame chrétienne», et aussi un certain Basile, fils d'un Anglais mais né en Hongrie.

Son désir de prêcher la foi chrétienne le conduit à se heurter aux nestoriens, qui disent leur office en syrien mais qui en ignorent la langue, qui sont corrompus, usuriers, ivrognes, bigames, mais parfaitement introduits auprès du Grand Khan. En effet Bolgaï, son chancelier, est nestorien, tout comme le précepteur de son fils aîné. Guillaume s'irrite d'être malgré lui continuellement mêlé aux prêtres nestoriens et il souffre de la rivalité qui l'oppose au moine arménien Sergius dont il apprendra qu'il n'est qu'un imposteur.

Les missions entraînent peu de conversions ...

En fait, à la cour du Grand Khan, aucune religion ne prend le pas sur une autre. Möngkä lui-même le dit à Guillaume de Rubrouck : «Comme Dieu a donné à la main plusieurs doigts, de même il a donné aux hommes plusieurs voies.» Les Mongols adopteront en fait des religions différentes en fonction des conditions locales : tandis que certains khans se feront musulmans en Russie méridionale ou en Perse, le Grand Khan Kubilaï, en Chine, deviendra bouddhiste.

   A la suite du voyage de Guillaume de Rubrouck, les missions religieuses marquent le pas, si l'on fait exception du deuxième voyage des membres de la famille de Marco Polo, ambassadeurs du pape et marchands tout à la fois. Au même moment que Guillaume de Rubrouck, deux autres voyageurs se rendent également chez le Grand Khan. D'abord le Persan Juvaini, fils d'un ministre d'Arghun, gouverneur du Khorassan et de l'Iraq. Il est à Karakorum peu avant Guillaume de Rubrouck, en 1252-1253, et il commence d'y écrire une *Histoire du conquérant du monde*. Peu après, le nouveau roi d'Arménie, Héthoum Ier, part, dès son accession au trône en 1254, chercher quelque avantage chez les Mongols. Il en revient en 1255. Sur le trajet de l'aller, il croise Guillaume de Rubrouck, mais sans le rencontrer.

Et pourtant Jean de Montecorvino, évêque de Pékin, baptisera plusieurs milliers de Mongols

En recevant chacun des missionnaires, les Mongols formulaient le souhait de recevoir d'autres ambassades religieuses. Le pape Nicolas IV décida d'envoyer un nouvel émissaire franciscain, Jean de Montecorvino, chargé de lettres appelant les Mongols à devenir chrétiens. Jean de Montecorvino se distingue de ses prédécesseurs en ce que lui ne reviendra pas de Chine. Il y demeure et fonde une véritable communauté chrétienne. Parti en 1289, il

En envoyant Jean de Montecorvino, le pape espérait bien convertir l'empereur Kubilaï. En vain. Les khans mongols avaient déjà opté pour le bouddhisme. Mais le nouvel archevêque et les suffragants qui viennent le consacrer rallient à la cause de l'Eglise latine quelque 20000 Alains, déportés du Caucase, des Arméniens et des Russes.

renonce, en arrivant à Tabriz, à s'engager sur la route des caravanes en raison des combats qui ont lieu entre Mongols, et il se dirige vers le golfe Persique. Il s'embarque alors pour l'Inde où il reste treize mois, puis repart pour la Chine et arrive à Khanbalik en 1293, peu avant la mort de Kubilaï. Son activité nous est connue par les lettres qu'il envoie en 1305 et 1306. Il rassemble les chrétiens vivant dans la région de la grande boucle du fleuve Jaune. Puis à Khanbalik, bien qu'en butte aux agressions des nestoriens, il bâtit une église, prêche et baptise plusieurs milliers de Mongols.

Dans sa première lettre, il sollicite de l'aide. Mais les missionnaires envoyés ne parviennent pas à destination, à l'exception d'un seul. Pourtant, en 1307, devant le succès que semble remporter Jean de Montecorvino dans ses conversions, le pape décide d'envoyer d'un coup six nouveaux évêques qui le consacreront archevêque de Khanbalik. Trois seulement arrivent en Chine, en 1313. Entre-temps, Jean de Montecorvino avait rallié à l'Eglise romaine non seulement des Mongols, mais encore des populations d'origines diverses, déportés ou marchands, Alains, Russes, Arméniens, etc. Les évêques resteront sans affectation précise, toutefois un évêché est créé à Zayton (Quanzhou).

Le franciscain Odoric de Pordenone quitte Padoue en 1318 et se rend à Khanbalik où il restera trois ans. Si la relation de son voyage ne présente pas l'intérêt de celle de Guillaume de Rubrouck, il mentionne quelques nouveautés : le port des ongles longs et l'usage des «petits pieds» que Marco Polo ne rapporte pas; mais surtout, il est le premier Européen à mentionner la cité de Lhassa au Tibet. L'audience de son livre, qui se rattache à la tradition des livres des merveilles, sera éclipsée par celle du livre de Jean de Mandeville qui pille le récit d'Odoric au point que l'on prendra ce dernier pour le faussaire.

Mais l'aventure épiscopale en Chine ne se poursuit pas bien longtemps

Quand Jean de Montecorvino meurt, vers 1330, la relève n'est pas assurée aussitôt. Le Khan lui-même réclame un successeur. Impressionné par cette demande, le pape envoie, en 1339 seulement, quatre ambassadeurs, promus légats pontificaux, conduits par Jean de Marignolli. Ils n'arrivent qu'en 1342, amenant, parmi les cadeaux, un grand cheval. Ce cheval noir, avec les pattes arrière blanches, est très apprécié du Grand Khan. Il en fait faire une peinture et demande que l'on rédige une ode à son sujet. Alors, disait-on, que l'empereur Wu des Han avait envoyé des troupes pour se procurer des chevaux dans l'Ouest, grâce au rayonnement et à la sagesse du Grand Khan, un cheval céleste était venu sans qu'il en coûtât un soldat. Mais Jean de Marignolli n'est qu'un ambassadeur, non un missionnaire, et après trois ou quatre ans de séjour à Khanbalik, il rentre en Europe par l'Inde. Les tentatives d'évangélisation et d'établissement de missions permanentes n'ont pas été dirigées seulement vers la Chine, mais aussi vers la Perse et l'Asie toute entière. Les efforts faits aux XIIIᵉ et XIVᵉ siècles en faveur de l'unification des Eglises chrétiennes se traduisent par des ambassades multiples.

❝ A Khanbalik, les frères mineurs ont une cathédrale qui se trouve juste à côté du palais, avec une résidence convenable pour l'archevêque, ainsi que d'autres églises dans la cité et aussi des cloches; et le clergé touche sa subsistance de la table de l'empereur de la manière la plus honorable.❞
Jean de Marignolli

Brusquement, au XIVᵉ siècle, les relations cessent entre la Chine et le monde chrétien

Toute l'agitation qui s'est déployée depuis le milieu du XIIIᵉ siècle, due aux missionnaires et aux marchands sillonnant l'Europe et l'Asie par la route des caravanes, cesse un siècle plus tard. Les causes en sont diverses. La première est sans doute l'épidémie de peste qui ravage l'Europe en 1348. Une autre raison tient à l'affaiblissement du pouvoir mongol en Perse et surtout en Chine. Les territoires se fractionnent et les frontières se reconstituent. En Chine, les soulèvements se multiplient dès le milieu du XIVᵉ siècle et donnent naissance à une nouvelle dynastie chinoise, les Ming. Celle-ci est fondée en 1368 et la Chine est totalement reconquise en 1387.

On a souvent prétendu qu'avec l'avènement des Ming, la Chine s'était refermée, en raison d'une politique xénophobe. C'est abusif. Les ambassades et les caravanes de marchands y pénètrent encore. Mais les témoignages qui subsistent ne concernent pas tant des Européens que des Persans. On en veut pour preuve le *Journal de voyage* de Ghiyath ed-Din, ambassadeur de Shahrokh entre 1419 et 1423, ou le *Traité de la Chine* du marchand Sayyid Ali-Akber Khitayi, qui se rendit en Chine probablement plusieurs fois vers 1500. Mais surtout, tandis que les routes caravanières sont moins empruntées, la fréquentation des routes maritimes s'intensifie.

❝ La cruauté du ciel, et peut-être celle des hommes, fut si rigoureuse, l'épidémie sévit de mars à juillet avec tant de violence, une foule de malades furent si mal secourus, ou même, en raison de la peur qu'ils inspiraient aux gens bien portants, abandonnés dans un tel dénuement, qu'on eut quelque sûre raison d'estimer à plus de cent mille le nombre qui perdirent la vie dans l'enceinte de la cité. Avant le sinistre, on ne se fût pas avisé peut-être que notre ville en comptât une telle quantité. Que de grands palais, que de demeures, pleines autrefois de domestiques, de seigneurs et de dames, virent enfin disparaître jusqu'au plus humble serviteur! ❞

Boccace, *Décaméron* (vers 1350-53)

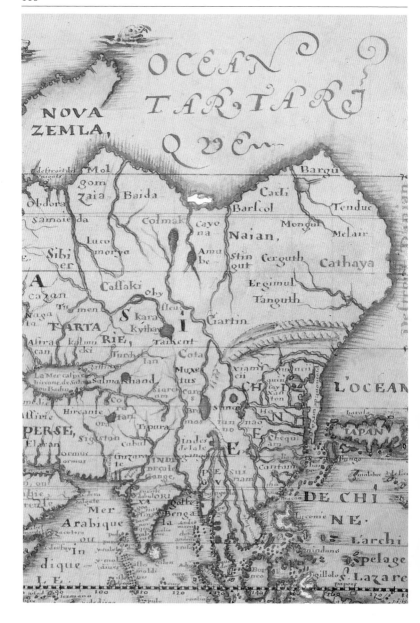

OCEAN
TARTARI
QVE

NOVA
ZEMLA,

detroit de la [...]
Mol
gom
Zaia   Baida
Ol dora
Samoieda
Colmak   Cayo   Barscol
na   Naian,   Mongul   Melair
Luco
morya   Amu
Stin
be   gut   Cerguth   Cathaya

A
Cazan
Naga
ria   TARTA
Astra kalmu   RIE,   Taikent
can   cki
Turchol   Cota
La Mer caspie
hircane de Sala Sulmachand   Muxe
ou Bachu   tus
Cassaki
Obi   Ergimul
Tanguth
Gartin
Casfaki

S kara
Kythay

I

fleu

xiam
cii
quin
say xan
ten
CH
I
N
E

PERSE,
El man
ormur
ormus   Cabul
Tipura   Indes
de la le

INDE
ncate
Ganga

Hircanie
Tan
Sigistan

L'OCEAN

JAPAN

P
E
G
V

Indes
de la le

Cartun
Sui
nam

DE CHI
NE.

Mer
Arabique
ou
In
dique
I. E.

ORI

Benga   la

Bor
neo

L'archi
pelage
S. Lazare

« **A**insi donc le Cathay, à mon avis,
n'est pas un royaume différent de
la Chine; le grand roi dont parle Polo
n'est pas autre que le roi de la Chine;
et par conséquent la Chine est connue
des Tartares et des Perses, quoique sous
un autre nom. »

Matteo Ricci, début XVIIe

CHAPITRE VI
LE TEMPS DES NAVIGATEURS

Au XVe siècle, les
progrès de la
navigation et de
la géographie
transforment la
connaissance du
monde. Grâce aux
efforts de l'infant du
Portugal, Henri dit
«le Navigateur»
(1394-1460), une route
maritime directe entre
les Indes et l'Europe
est découverte, qui
contourne l'Afrique.

Christophe Colomb, à la recherche du Cathay

Au XVe siècle, les Portugais se lancent à leur tour à la découverte du monde. Ils sont à Madère en 1419, aux Açores en 1427 et ils atteignent le cap de Bonne-Espérance en 1487. Ils sont à la recherche du Cathay. C'est ainsi que Christophe Colomb découvre l'Amérique. Imprégné par Marco Polo et les récits des voyageurs des XIIIe et XIVe siècles, il atteint l'île de Cuba en 1492 et croit avoir touché la Chine.

L'ère des grandes découvertes, qui s'ouvre au XVe siècle et qui transforme non seulement l'image du monde mais le monde lui-même, est inaugurée par une série d'expéditions qui restent encore méconnues en Occident.

❝ Et il est certain, dit l'Amiral, que ceci est la terre ferme et que je suis devant Zaiton et Quinsaï, loin de cent lieux, plus ou moins, l'une de l'autre, et cela est bien démontré par la mer qui se meut d'une autre façon qu'elle ne s'est mue jusqu'ici, et hier, en allant au nord-ouest, j'ai trouvé qu'il faisait froid. ❞

C. Colomb,
Journal de bord,
1er novembre 1492

Les premières grandes expéditions maritimes du XVe siècle sont lancées par les empereurs Ming

Lorsque les Portugais débarquent dans le sud de l'Inde au début du XVIe siècle, après avoir doublé l'Afrique, ils entendent parler d'«hommes blancs» qui auraient débarqué quatre-vingts ans plus tôt. Il s'agit des membres des expéditions maritimes envoyées par l'empereur de Chine de la nouvelle dynastie des Ming vers l'Arabie et les côtes africaines, dès le début du XVe siècle.

❝ Les gens de la Chine, de Java, de Ceylan, des Maldives, du Yemen et du Fars se rendent à Calicut et les trafiquants des diverses

Sept expéditions ont lieu entre 1405 et 1433, à l'instigation de Yongle, troisième empereur des Ming, et de ses successeurs. On pourrait penser que ces expéditions n'ont rien d'extraordinaire, puisque les navires chinois assuraient une grande partie du trafic entre la Chine, l'Inde et l'Arabie depuis plusieurs siècles.

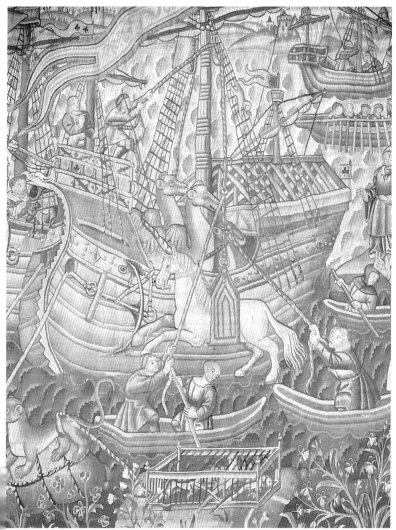

Mais l'importance des flottes engagées et le caractère officiel de ces entreprises en font les premières grandes expéditions maritimes. De plus, elles montrent l'avance de la Chine sur l'Europe à cette époque en matière de navigation.

régions s'y réunissent. Son port est au nombre des plus grands de l'univers. "

Ibn Battuta,
XIVe siècle

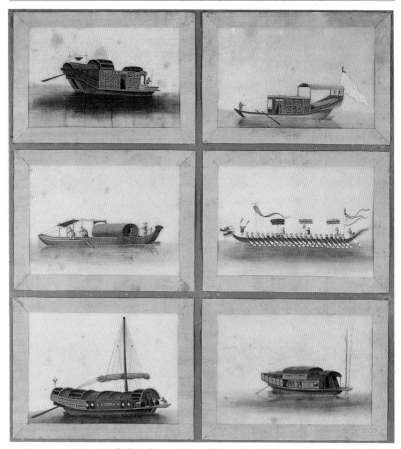

Cette supériorité de la Chine vient alors plutôt des progrès effectués dans le domaine de la construction navale. Les aides à la navigation, cartes, boussole, compas, moyens de mesure du temps, de la position, etc., ne sont pas très dissemblables au début du XVe siècle. Mais tandis que les Européens se servaient encore de galères à une seule voile, trop lentes, ou de nefs plus rapides mais fragiles, les jonques de haute mer des Chinois surprennent les voyageurs étrangers comme Marco Polo. Celles-ci ont souvent soixante mètres de long et trente de large et contiennent plus

Les 62 navires des expéditions de Zheng He avaient été construits dans les chantiers navals de Nankin. On les avait baptisés «bateaux-trésors».

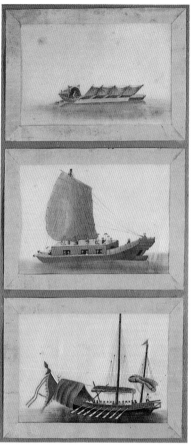

de 50 cabines. Elles disposent de trois à six mâts gréés de voiles lattées et sont munies d'un gouvernail à safran. Elles sont moins périlleuses que les frêles navires que l'on rencontre en mer d'Oman et dans l'océan Indien.

 Les quatre voiles ne sont pas mises de face, mais placées obliquement, et arrangées de façon à ce qu'elles puissent être fixées toutes dans la même direction pour recevoir le vent et assurer son écoulement. Les voiles à l'arrière de celle qui est le plus au vent et qui en reçoit la pression se rejettent celui-ci de l'une à l'autre, de façon à ce qu'elles profitent toutes de sa force...

Les jonques chinoises du grand eunuque Zheng He ont devancé les Portugais en Asie du Sud-Est et dans l'océan Indien

C'est avec de tels navires que Zheng He, qui est musulman, organise sept expéditions vers le Moyen-Orient. Leur objectif reste peu clair – à la fois diplomatique, commercial et militaire. Chaque expédition dure à peu près deux ans et se compose de plusieurs dizaines, voire centaines de bateaux transportant plusieurs milliers d'hommes.

...Ce gréement oblique, qui permet aux voiles de recevoir le souffle du vent l'une de l'autre, évite l'angoisse qui va de pair avec la présence des mâts élevés. "

Wan Zhen,
*Sur les choses étranges
du Sud*, IIIe siècle

" Un navire de Portugais est venu à Mangoo (Yamagawa), qui est un port de mon royaume. Mais ils sont arrivés pendant une guerre, aussi n'ai-je pu les honorer comme il convenait et comme ils le méritaient. Au contraire, il y eut des bandits dans le pays qui, venus de l'extérieur pour opérer des pillages et ignorant qu'il y avait ici des Portugais, se sont attaqués à l'un d'eux nommé Alfonso Vaz et l'ont tué, ce dont j'ai été fort mécontent. Votre Seigneurie me fera beaucoup d'honneur en m'écrivant, comme je le ferai à vous-même chaque année. Et lorsque vous enverrez ici des Portugais ou des Pères, qu'ils m'apportent des lettres ou des dépêches de votre Seigneurie et je les traiterai avec toute l'hospitalité et les honneurs que leurs affaires méritent. "

Lettre de Shimazu Takahisa, Daimyô de Satsuma, au vice-roi de Goa, 1561

La première, qui a lieu entre 1405 et 1407, comprend trois cent dix-sept navires et vingt-huit mille hommes. La flotte, véritable armada, gagne d'abord les côtes du Champa (Vietnam), puis Java, Sumatra, Ceylan et Calicut. A chaque escale, des présents sont offerts aux souverains locaux qui sont engagés à entrer dans un système d'échange tributaire avec la Chine; ceux qui s'y refusent sont contraints par la force. L'itinéraire reste à peu près le même pour les autres expéditions, mais lors de la quatrième, une partie de la flotte pousse jusqu'à Ormuz, tandis qu'une autre se rend dans le golfe du Bengale. La cinquième expédition poursuit jusqu'à Aden et aux côtes africaines de Somalie (Mogadiscio, Brava) et du Kenya actuel (Malindi), ainsi que les sixième et septième.

Grâce à ces expéditions, le prestige de la Chine est considérablement renforcé en Asie du Sud-Est et dans l'océan Indien. Les échanges diplomatiques et commerciaux se multiplient. Et si la Chine en perd l'initiative vers le milieu du XVe siècle, ceux-ci ne cesseront pas. Mais d'autres pays bénéficient de cet essor et, en premier lieu, le Portugal.

La mort tragique du premier ambassadeur portugais en Chine

Les Portugais «découvrent» la Chine en 1513. Au XVIe siècle, après les voyages de Vasco de Gama

➤➤ L'année passée, quelques-uns de nos Portugais allèrent à la Chine, toutefois les autres [les Chinois] ne les laissèrent pas débarquer, leur disant qu'il est contraire aux usages du pays de permettre aux étrangers de pénétrer dans leurs demeures. Mais les nôtres ont vendu leurs marchandises avec un grand bénéfice.➤➤
Lettre d'André Corsali à Côme de Médicis, 6 janvier 1515

jusqu'en Inde en 1497-1499 et 1502-1503, les Portugais, qui veulent briser la mainmise des Arabes sur le trafic de l'océan Indien, se sont installés en Inde, à Cochin, puis à Goa où un vice-roi est envoyé. C'est une nouvelle base de conquête et d'activité commerciale vers l'Extrême-Orient : Malacca en 1511, et plus tard Macao et le Japon. Le premier Portugais qui débarque en Chine, Jorge Alvares, ne dépasse pas l'îlot de Tunmen près de Canton. Dès lors les missions se suivent.

Mais la pénétration de la Chine se fait avec un succès plutôt mitigé. L'ambassade de Tomé Pires se termine tragiquement. Cet herboriste, excellent navigateur, débarque à Tunmen en 1517 et attend près de trois ans l'autorisation de se rendre à Pékin. Lorsqu'il y arrive, l'empereur meurt et il doit retourner à Canton pour attendre les ordres du nouvel empereur. Ses lettres de créance mal traduites, l'absence de respect de l'étiquette et la mauvaise réputation des Portugais depuis leur conquête de Malacca suffisent à faire tourner court cette mission. Arrêté, emprisonné et enchaîné, Tomé Pires meurt, peut-être de mauvais traitements, en 1524, alors que plusieurs de ses compagnons ont été exécutés. Les difficultés rencontrées en Chine par les Portugais les conduiront à s'intéresser de plus près au Japon.

‟Elle nous dit ensuite que son père, Tomé Pires, avait été envoyé par le Royaume de Portugal comme ambassadeur auprès du roi de la Chine, mais qu'à cause d'une rébellion fomentée à Canton par un capitaine portugais, les Chinois l'avaient pris pour un espion, et non pour l'ambassadeur qu'il disait être, et l'avait fait prisonnier ainsi que deux autres hommes. Il s'en était suivi que, par ordonnance de justice, cinq d'entre ceux que les Chinois avaient arrêtés avaient subi la question et subi tant de coups de fouet qu'ils en étaient morts sur-le-champ.‟

La Pérégrination
Fernão Mendes Pinto

La «Pérégrination» de Fernão Mendes Pinto, pirate et ami de saint François Xavier

L'une des aventures les plus extraordinaires mais, sans doute aussi, des plus invraisemblables de ces activités portugaises est celle de la *Pérégrination* de Fernao Mendes Pinto.

D'abord domestique à Lisbonne, Pinto s'enfuit et s'embarque pour l'Inde en 1537. Il devient corsaire, est capturé et vendu comme esclave, puis il est racheté. Il entre au service du capitaine de Malacca et effectue diverses missions. Il débarque en Chine où il est arrêté, condamné aux travaux forcés et déporté à la Grande Muraille. Libéré, il rembarque et fait naufrage sur les côtes japonaises; on le trouve ensuite à Malacca, en Birmanie et en Thaïlande, puis au Japon. Il y rencontre François Xavier dont il devient l'ami et le créancier. Puis, après la mort du saint, en 1554, il décide de se faire jésuite, mais rompt avec la Compagnie de Jésus dès 1556 et rentre à Lisbonne où il meurt en 1585.

Dans son récit, où Pinto prétend avoir été treize fois esclave et seize fois vendu, il y a beaucoup d'incohérences et de mensonges. C'est pourquoi il a été rapidement contesté et divise encore les historiens. Il est probable que sa rupture avec les jésuites a laissé chez eux quelque ressentiment, car ils restent ses principaux détracteurs. Malgré ses exagérations, la *Pérégrination* demeure un témoignage irremplaçable de l'activité portugaise en Extrême-Orient.

S aint François Xavier (1506-1522), l'un des premiers jésuites, part pour l'Inde en 1542 comme missionnaire. En 1549, il débarque au Japon où son action remporte un certain succès. Mais il souhaite aller en Chine et, deux ans plus tard, il gagne un îlot près de Canton où il meurt sans pouvoir réaliser son projet.

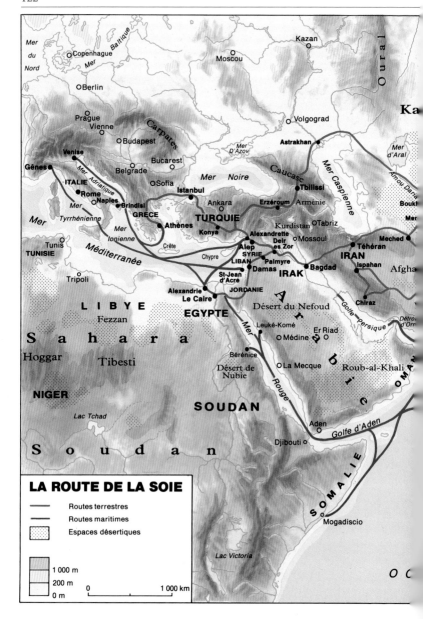

LA ROUTE DE LA SOIE

— Routes terrestres
— Routes maritimes
Espaces désertiques

1 000 m
200 m
0 m

0   1 000 km

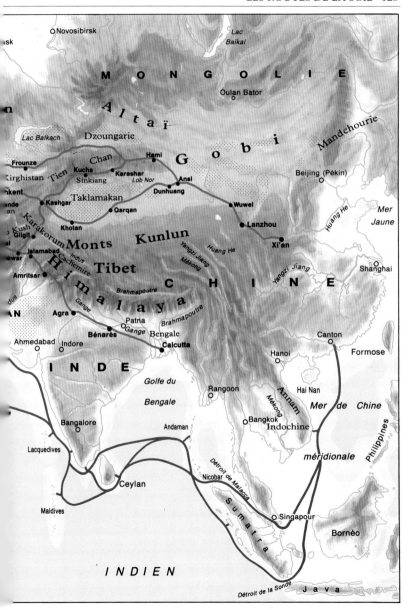

Vers une géographie moins fantaisiste

Les découvertes des Portugais depuis le début du XVIᵉ siècle améliorent les connaissances géographiques relatives à l'Asie. Jusqu'alors, les informations restent puisées dans la *Géographie* de Ptolémée et dans le récit de Marco Polo. Tel est l'*Atlas catalan* de Charles V, datant de 1375, ou la mappemonde de Fra Mauro de 1460. Ce sont surtout les routiers dressés à partir des informations des pilotes malais qui permettent aux Portugais de s'aventurer dans cette zone. Mais la connaissance géographique de la Chine

Au Moyen Age, l'orientation des cartes se fait souvent en plaçant l'Orient en haut, dans la direction de Jérusalem. Sous l'influence arabe, on oriente les cartes au sud, comme la mappemonde de Fra Mauro. C'est seulement au XVIᵉ siècle que l'orientation du nord s'impose, grâce à l'usage de la boussole.

est encore sommaire. On croit toujours que la Chine que l'on atteint par mer est une vaste île comme le Japon, différente du Cathay de Marco Polo, distinction entre Sères et Thinai héritée de l'Antiquité.

Lorsque les jésuites s'installent à Pékin à la fin du XVIe siècle, Matteo Ricci s'attelle à débrouiller l'énigme, utilisant les sources chinoises et les méthodes de mesure récentes. Il émet l'hypothèse que le Cathay de Marco Polo et la Chine ne sont qu'un seul et même pays.

Comment le frère Bento de Goes confirme que le Cathay et la Chine ne sont qu'un seul et même pays

Ce jésuite, né aux Açores en 1563, est envoyé, par ses confrères de Goa en 1602, pour vérifier les dires de marchands musulmans affirmant avoir pénétré au Cathay où se trouvaient des chrétiens. Depuis le milieu du XIVe siècle, la route terrestre du Cathay semblait pourtant coupée. L'itinéraire est fixé : par Lahore, le Cachemire, le Ladak et Kashgar, Goes

Matteo Ricci (1552-1610) est le premier missionnaire jésuite qui peut s'installer de manière durable en Chine, à partir de 1583, d'abord à Macao, puis à Nankin et à Pékin. Grâce à leurs connaissances en mathématiques, en astronomie, en géographie, les jésuites entretiennent les meilleures relations avec les empereurs chinois ; ci-dessous, les continuateurs de Ricci, Adam Schall (1591-1666), ici en naturaliste, et Ferdinand Verbiest (1623-1688), ici en astronome.

P. Adamus Schall, S.J. von Cölln/ war bey 3. Sinischen Käysern in so hohem Wehrt/daß er von ihnen dem Mathematischen Hof Gericht vorgestellet/und des Reichs Admonitor ist bestellet worden. Es pflegte ihn einer aus dessen Käysern nur den Lehrmeister der himmlischen Geheimnussen zu nennen. Nichts destoweniger mußte er viel leyden/ und unter grossen Betrangnussen dieses Zeitliche seegnen. 15. Aug. 1666, æt. 75.

P. Ferdinandus Verbiest, S.J. ein Niderländer/ kommete 1659. da die Tartarische Regierung völligen Besitz in China genommen/ nacher Pequin, wurde aber/ ungeachtet er zuvor herrlich empfangen/ also-bald vor Gericht beruffen/ verantwortete sich aber tapffer zu Schutz des Glaubens/ und wird wegen seinen mathematischen Wissenschafften zu grossen Ehren-Würden erhebt. Stirbt umb das Jahr 1670.

devrait accéder au Cathay. Pour voyager, il se déguise en marchand arménien, prenant le nom de Banda Abdulla, «le serviteur de Dieu».

A Lahore, il se joint à une caravane de cinq cents hommes, avec chevaux, chameaux et chariots, comme il s'en forme une fois par an en direction de Kashgar. Le voyage est périlleux. Outre les difficultés du terrain, dues à la traversée de l'Hindu Kush, on doit craindre les brigands. Après être restée huit mois à Kabul, la caravane repart; de nouveaux marchands s'y sont joints, tandis que d'autres l'ont quittée. Encore une fois, les voleurs la surprennent et la pillent. Bento de Goes passe tout de même les Pamirs et arrive à Yarkand, puis à Kashgar, après d'importantes difficultés. Dès lors, il faut attendre qu'une nouvelle caravane se forme. Il n'y en a pas une par an, car il faut être certain de pouvoir entrer au Cathay. On doit se munir de jade, qui y est fort apprécié, et se mettre sous la protection d'un ambassadeur officiel qui ne peut y introduire que soixante-douze personnes et qu'il faut payer fortement pour être accepté. Un an se passe à attendre. Finalement, le départ est donné. Goes suit la route du nord du Taklamakan et parvient à Karashar. Il y rencontre des marchands musulmans qui reviennent du Cathay et qui lui donnent des nouvelles de Matteo Ricci qu'ils ont vu à Pékin.

P. Matthæus Riccius, S. J. von Macerata aus Welschland / der erste Sineser-Apostel / ware bey die sen Völckern / auch denen Weiß-und Gelehrtisten ein Wunder / und Regel der Wissenschafften / sonderbahr aber wegen vortrefflicher Sternseher-Kunst in höch stem Preiß. Verschiede mit dem Ruhm der Heilig keit zu Peckin. 11. Maii 1610. æt. 58.

Au début du XVIIIe siècle, la «querelle des rites» mettra fin à l'aventure jésuite commencée un siècle plus tôt avec Matteo Ricci (ci-contre). En effet, les jésuites, qui avaient adopté le costume et certaines pratiques confucianistes, sont condamnés par le pape Clément XI. Les missionnaires sont finalement expulsés et les chrétiens persécutés. Mais il y a sans doute une raison plus profonde à cet échec, mise en évidence récemment par Jacques Gernet. La question qui se pose est «celle de savoir si le christianisme pouvait être concilié avec un système mental et socio-politique fondamentalement différent de celui dans lequel le christianisme s'était développé et dont il était, qu'on le veuille ou non, inséparable».

Mais le jésuite mourra en chemin sans jamais connaître Pékin

C'est alors que Bento de Goes commence à comprendre que le Cathay est la Chine. Hélas, notre voyageur ne parviendra pas à Pékin. Malade, il meurt à Suzhou (Jiuquan, dans la province du Gansu) au début de 1607, sans avoir pu pénétrer jusqu'au cœur du Cathay.

Pourtant, l'identité de la Chine et du Cathay enfin démontrée met fin aux explorations des «terres inconnues» de l'Extrême-Orient. Malgré les méconnaissances qui subsisteront entre le monde européen et le monde extrême-asiatique, le seul type nouveau d'explorateur qui apparaîtra sera l'archéologue de la fin du XIXᵉ siècle, en quête précisément des contacts historiques et des influences entre les divers foyers de civilisation de ce qu'alors seulement on appellera la Route de la Soie.

•• Bento de Goes était déjà prêt de partir de la ville de Cialis (Karashar), quand l'autre compagnie de marchands de l'année précédente arriva du Cataï. Iceux, comme c'était la coutume, étaient enterrés au royaume de Cataï sous le faux prétexte d'une ambassade supposée. Et d'autant qu'ils avaient demeuré à Péquin (Pékin) dans le même palais des étrangers avec les nôtres, ils dirent des nouvelles toutes certaines du père Mathieu et de ses compagnons à Benoît, qui fut tout étonné d'avoir trouvé le royaume de la Chine pour le Cataï. ••

M. Ricci, N. Trigault, *Histoire de l'expédition chrétienne au royaume de la Chine* (1615)

TÉMOIGNAGES
ET DOCUMENTS

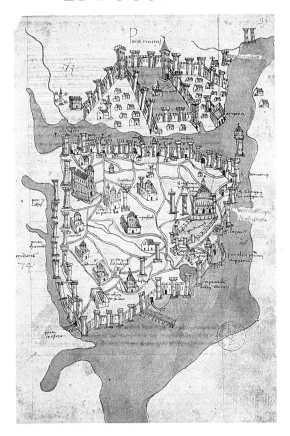

Sur la route

« Observation, information, formation, tout concourt à faire du récit de voyage le genre littéraire privilégié de celui qui a dû parcourir le monde pour apprendre à le connaître et qui ne cesse d'entretenir des correspondances pour en suivre l'évolution. »

Jean Favier

Départ pour la Tartarie

A Kiev nous nous sommes informés au sujet de notre route auprès du millenier et d'autres personnages de rang. Ceux-ci nous avertirent que nos chevaux ne sauraient pas comme les bêtes tartares creuser l'épaisse couche de neige pour trouver l'herbe nécessaire à leur subsistance et que nous ne pourrions nous procurer d'autre nourriture ; que le pays étant dépourvu de paille, de foin et de fourrage, nos bêtes périraient toutes. Nous nous sommes donc décidés à laisser celles-ci sous la garde de deux enfants et avons offert au millenier des cadeaux en échange de chevaux mongols et de guides. Avant d'atteindre Kiev, à

Danilon, nous étions tombés malades à mourir et avions été obligés de nous faire traîner dans un chariot par le gros froid et la neige. Dans la métropole russe nous avons pris toutes les dispositions nécessaires dans la crainte que des imprévus nous empêchent de traiter des affaires de la chrétienté. Le second jour après la fête de la Purification (4 février 1246) nous nous sommes mis en route avec les chevaux et les guides de l'officier mongol vers les nations barbares.

Jean de Plan Carpin,
Histoire des Mongols,
Editions Franciscaines, 1961

Comment faire porter son bagage

Ils nous donnèrent à choisir entre des chariots à bœufs pour porter notre équipement ou des chevaux de somme ; les marchands de Constantinople me conseillèrent de choisir les chariots, et même d'acheter personnellement des chariots couverts, comme ceux qu'utilisent les Russes pour transporter les peaux : j'y mettrais les bagages que je ne voudrais pas décharger chaque jour ; si je choisissais des chevaux, je serais obligé de les décharger et recharger chaque jour, à chaque étape ; de plus, chevauchant au pas des bœufs, je pourrais aller plus lentement. J'écoutai leur conseil, et mal m'en prit, car il me fallut deux mois de voyage pour parvenir chez Sartach, ce que j'aurais pu faire en un mois avec des chevaux.

J'avais apporté de Constantinople, sur le conseil des marchands, des fruits secs, du vin de muscat et du biscuit fort délicat, pour les offrir aux premiers capitaines tartares, afin de me faire ouvrir plus facilement le passage : ces gens-là, en effet, ne regardent pas d'un bon œil celui qui vient les mains vides !

Je chargeai tout cela sur un chariot puisque je n'avais pas trouvé ici les capitaines de la cité : on me dit en effet que ces présents seraient très agréables à Sartach si je pouvais les lui apporter.

Nous nous mîmes donc en route vers le 1er juin avec nos quatre chariots couverts et avec deux autres qu'ils nous avaient donnés et qui portaient notre matériel de couchage. Il nous donnèrent également cinq chevaux de selle ; nous étions cinq en effet : moi, mon compagnon, frère Barthélémy de Crémone, Gosset, porteur de la présente lettre, Homodei, truchement, et un jeune esclave, Nicolas, que j'avais racheté à Constantinople avec l'argent de vos aumônes. Ils nous donnèrent en outre deux hommes pour conduire les chariots et garder bœufs et chevaux.

Guillaume de Rubrouck,
Voyage dans l'Empire mongol,
Payot, 1985

Du soin qu'ils prennent des voyageurs sur les routes

Ibn Battuta (1304-1369) est sans doute l'un des plus extraordinaires voyageurs du Moyen Age. Pendant trente ans, il parcourt le monde, tant par mer que par terre, avant de dicter le récit de ses aventures. Bien qu'il n'ait pas circulé en Chine, il en raconte les usages.

La Chine est la plus sûre ainsi que la meilleure de toutes les régions de la terre pour celui qui voyage. On peut parcourir tout seul l'espace de neuf mois de marche sans avoir rien à craindre, même si l'on est chargé de trésors. C'est que dans chaque station il y a une hôtellerie surveillée par un officier, qui est établi dans la localité avec une troupe de cavaliers et de fantassins.

Tous les soirs, après le coucher du soleil, ou après la nuit close, l'officier entre dans l'auberge, accompagné de son secrétaire ; il écrit le nom de tous les étrangers qui doivent y passer la nuit, en cachette la liste, et puis ferme sur eux la porte de l'hôtellerie. Au matin, il y retourne avec son secrétaire, il appelle tout le monde par son nom, et en écrit une note détaillée. Il expédie avec les voyageurs une personne chargée de les conduire à la station qui vient après, et de lui apporter une lettre de l'officier proposé à cette seconde station, établissant que tous y sont arrivés ; sans cela ladite personne en est responsable. C'est ainsi que l'on en use dans toutes les stations de ce pays, depuis Sîn-assîn jusqu'à Khânbâlik. Dans ces auberges, le voyageur trouve tout ce dont il a besoin en fait de provisions ; il y a surtout des poules et des oies ; quant aux moutons, ils sont rares en Chine.

Pour revenir aux détails de notre voyage, nous dirons qu'après notre trajet sur mer la première ville chinoise où nous débarquâmes, ce fut celle de Zeïtoûn. Bien que Zeïtoûn en arabe signifie olives, il n'y a pourtant pas d'oliviers dans cette cité, pas plus que dans aucun autre endroit de la Chine ni de l'Inde ; seulement, c'est là son nom. C'est une ville grande, superbe, où l'on fabrique les étoffes damassées de velours, ainsi que celles de satin, et qui sont appelées de son nom *zeïtoûniyyah* ; elles sont supérieures aux étoffes de Khansâ et de Khânbâlik. Le port de Zeïtoûn est un des plus vastes du monde ; je me trompe, c'est le plus vaste de tous les ports. J'y ai vu environ cent jonques de grande dimension ; quant aux petites, elles y étaient innombrables. C'est un vaste golfe qui, de la mer, entre dans les terres, jusqu'à

ce qu'il se réunisse avec le Grand Fleuve. Dans cette ville, comme dans toute autre de la Chine, chaque habitant a un jardin, un champ, et sa maison au milieu, exactement de même que cela se pratique chez nous, dans la ville de Siglimâçah. C'est pour cette raison que les cités des Chinois sont si grandes.

Ibn Battuta,
Voyages,
Maspero, 1982

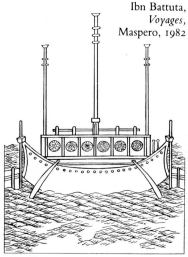

Fragilité des nefs de l'Inde

Les hommes de cette cité ont de nombreuses nefs, mais ces nefs sont très mauvaises, fragiles et dangereuses, et bien d'entre eux périssent parce qu'elles ne sont point clouées avec des clous de fer comme les nôtres ; elles sont faites d'un bois dur d'une espèce cassant comme poterie ; si l'on y plante un clou, il revient sur lui-même comme s'il s'était brisé ; aussi les planches sont percées avec des forets de fer aussi soigneusement qu'ils peuvent, et ensuite fixées avec de petites chevilles. Ensuite, elles sont cousues de fil grossier qui se fait de l'écorce des arbres à noix d'Inde, qui sont grands et sur lesquels pendent des fils comme des crins de cheval. Ils la font macérer, et quand elle est rouie, elle demeure nette et devient comme des torons de crin de cheval, et on la file comme soie. Ainsi font fil, dont ils cousent leurs nefs ; il ne se gâte pas dans l'eau salée des mers, mais y dure assez, bien qu'il ne puisse passer une tempête ; donc il vaut mieux consolider avec du fer. Ils s'en vont ainsi pêcher, et beaucoup d'entre eux périssent. Les nefs ont un mât, et une voile, et un gouvernail, et n'ont pas couverture. Quand ils les ont chargées, ils recouvrent les marchandises de cuir bouilli, et dessus les marchandises, quand ils les ont couvertes, y mettent les chevaux qu'ils mènent en Inde à vendre. Point n'ont de fer pour faire des clous, et si font chevilles de bois avec lesquelles ils assemblent leurs nefs, ils cousent ensuite avec le fil. Point n'ont d'ancres de fer, mais une ancre avec un palan à leur manière, et ainsi périssent à la plus petite tempête. Pour cela, c'est un grand péril de naviguer dans ces nefs, et vous dis qu'il s'en noie beaucoup parce que la mer d'Inde est vraiment terrible et fait de grandes tempêtes.

> Marco Polo,
> *La Description du monde,*
> Klincksieck, 1955

Comment les marchands voyagent

On construit sur un vaisseau quatre ponts ; il renferme des chambres, des cabines et des salons pour les marchands. Plusieurs de ces cabines contiennent des cellules et des commodités. Elles ont une clef, et leurs propriétaires les ferment. Ils emmènent avec eux leurs concubines et leurs femmes. Il advient souvent qu'un individu se trouve dans sa cabine sans qu'aucun de ceux qui sont à bord du vaisseau ait connaissance de sa présence, jusqu'à ce qu'ils se rencontrent lorsqu'ils sont arrivés dans chaque région.

Les marins font habiter ces cabines par leurs enfants ; ils sèment des herbes potagères, des légumes et du gingembre dans des baquets de bois. L'intendant du vaisseau ressemble à un grand émir ; quand il descend à terre, les archers et les Abyssins marchent devant lui avec des javelines, des épées, des timbales, des cors et des trompettes. Lorsqu'il est arrivé à l'hôtellerie qu'il doit habiter, ils fichent leurs lances de chaque côté de la porte, et ne cessent de se comporter ainsi pendant toute la durée de son séjour. Parmi les habitants de la Chine, il y en a qui possèdent de nombreux navires, sur lesquels ils envoient à l'étranger leurs facteurs. Il n'y a pas dans tout l'univers des gens plus riches que les Chinois.

> Ibn Battuta,
> *Voyages,*
> F. Maspero, 1982

Le voyage de Kanshin en Orient

Au VIIIᵉ siècle, un moine chinois célèbre, Jianzhen (en japonais Kanshin, 688-763), s'embarque pour le Japon où il ne parvient qu'après six tentatives de traversée. Il s'y installe et enseigne la doctrine bouddhique.
La liste des articles transportés lors de la deuxième tentative, en 743, est impressionnante.

Provisions de bouche

Riz pour la traversée.
Letchis.
Riz rouge et vert, 100 *tan.*
Pois, 30 *tan.*

Beurre fondu (de lait de vache),
180 *kin*.
Farine de blé, 50 *tan*.
Pâtisserie de Hou (Asie centrale) :
gâteaux de riz séchés, deux charretées.
Gâteaux secs de riz fermenté, une
charretée. '
Gâteaux minces de riz séché (galettes),
10 000.
Che-t'eou de Fan (Tibet), une charretée
1/2.

Articles religieux

Bols *ho-tseu* laqués, trente.
Images des buddhas représentés avec
cinq têtes différentes, par Kientsiang.
Une peinture du Buddha ornée de
joyaux.
Une image du Buddha peinte en or.
Un paravent à six panneaux ornés
d'images, représentant le Buddha et les
bodhisattvas.

Livres sacrés

Une copie du sutra Gandavyuha,
exécutée en lettres d'or.
Une copie de la Mahã-Prajñãpãramitã,
en lettres d'or.
Une copie du sutra Mahã-sannipãta, en
lettres d'or.
Différents traités et commentaires sur
les sutras et les çãstras, au nombre de
cent en tout.

Ustensiles monastiques

Un paravent sur lequel étaient esquissés
les détails des cérémonies publiques de
chaque mois.
Un paravent sur lequel étaient figurés
les mouvements des différents corps
célestes.
Un dais devant être utilisé au bodhi-
mandala.
Quatorze bannières gemmées.
Huit parasols à main, ornés d'anneaux
de jade.
Cinquante boîtes incrustées de nacre
pour les sutras bouddhiques.

Vingt jarres de cuivre.
24 couvertures de laine ornées de
dessins à fleurs.
Mille kãsãya.
Mille paires de vêtements à manches
courtes.
Mille nattes pour s'asseoir.
Quatre grands couvercles en cuivre.
Quarante plateaux pour servir les
légumes.
Vingt grands bols de cuivre.
Vingt bols de cuivre de dimensions
moyennes.
44 petits bols de cuivre.
80 nattes de cuivre d'un pied carré.
Deux cents petites nattes de cuivre.
Seize nattes de rotin blanc.
Six nattes de rotin de cinq couleurs.

Encens et médicaments

Vingt morceaux de musc.
Bois d'aolès.
Encens d'écaille.
Encens de nard.
Camphre de Long-nao, au moins
600 livres (*kin*).
Encens de *tan-t'ang*.
Encens d'Arsak.

Bois d'aloès *tchang*.
Encens de *ling-ling*.
Bois de *ts'ing-mou*.
Encens *hiun-lou*.
Pi-po.
Ho-li-lo.
Poivre de Hou.
A-wei (Assa fœtida), au moins
500 livres (*kin*).
Miel de pierre.
Sucre.
Miel, 10 livres (*hou = tan*).
80 bottes de cannes à sucre.

Monnaies

10 000 ligatures de pièces de monnaie
bleue.
10 000 ligatures de pièces de monnaie
tcheng-lou.
5 000 ligatures de pièces de monnaie à
bordure pourpre.

Vêtements

2 000 coiffures de soie.
Trente paires de chaussures en fibre de
chanvre.
Trente paires de chapeaux à brides.

Parmi ceux qui se trouvaient à bord,
on comptait : Siang-Yen, prêtre
chinois, Tao-hing, prêtre chinois, Tö-
ts'ing, prêtre chinois, Yeiyei, prêtre
japonais, Fushö, prêtre japonais, Sseu-
t'o, prêtre chinois, et d'autres, en tout
dix-sept personnes. Il y avait en outre
des ouvriers en jade, des peintres, des
sculpteurs, des graveurs sur bois et sur
métal, des fondeurs, des copistes, des
brodeurs, des littérateurs, des artistes en
inscriptions et divers artisans au
nombre total de 185.

Genkai,
Relations du voyage en Orient
du Grand Maître Kanshin,
Bulletin de l'École Française
d'Extrême-Orient,
1928-1929

De ce qui est nécessaire aux marchands qui désirent faire le voyage de Cathay

Francisco Balducci Pegolotti, employé
d'une compagnie de commerce de Florence,
rédigea vers 1340 un manuel de commerce,
Praticha della mercatura, *fournissant des*

informations extrêmement précises sur l'organisation des voyages en Chine. Il décrit les itinéraires, les étapes, la durée du voyage et les conditions de transport.

En premier lieu, vous devez vous laisser pousser la barbe et ne pas vous raser. Puis, à Tana, vous ferez bien d'engager un guide interprète. Il ne faut pas essayer d'économiser dans ce domaine en en prenant un mauvais au lieu d'un bon. Car les dépenses occasionnées par un bon guide n'atteindront pas ce que vous épargnerez en l'ayant à vos côtés. Il conviendra d'engager, outre ce guide, au moins deux bons serviteurs mâles parlant la langue cumanienne [sans doute un dialecte turc, NdA]. Si le marchand souhaite emmener une femme avec lui, il peut le faire ; s'il ne souhaite pas en emmener, il n'y est aucunement obligé ; simplement, s'il en emmène une, le voyage sera pour lui beaucoup plus confortable que s'il n'en emmène pas. Quoi qu'il en soit, s'il décide d'en emmener une, il sera bon qu'elle soit initiée à la langue cumanienne tout comme les hommes.

Pour le voyage de Tana à Gittarchan, vous ferez bien d'emporter des provisions pour vingt-cinq jours,

c'est-à-dire de la farine et du poisson séché, car pour ce qui est de la viande vous en trouverez suffisamment tout au long de la route. Et à toutes les étapes importantes indiquées sur l'itinéraire pour aller d'une contrée à l'autre, selon le nombre de jours de voyage consigné ci-dessus, vous ferez bien également de vous approvisionner en farine et en poisson séché ; vous trouverez les autres denrées en suffisance, en particulier la viande.

La route qui mène de Tana au Cathay est, au dire des marchands qui l'ont empruntée, parfaitement sûre de jour comme de nuit. Néanmoins, si un marchand meurt en route, à l'aller comme au retour, tous ses biens deviendront la propriété du seigneur de la province dans laquelle il est mort, et les officiers du seigneur en prendront possession. Il en va de même s'il meurt au Cathay. Mais si son frère l'accompagne, ou encore un ami ou un compagnon intime se prévalant d'être son frère, les officiers du seigneur lui rendront les biens du défunt, qui ainsi seront sauvés.

Francisco Balducci Pegolotti,
Praticha della mercatura, XIVᵉ siècle,
Traduit de l'anglais
par Marianne Bonneau

A l'assaut du Pamir

Roland et Sabrina Michaud sont photographes. En 1972, ils ont la chance de partager pendant un mois la vie d'une caravane Kirghiz.

Un chamelier pour trois chameaux, un cheval par chamelier, telle est en principe la disposition de la caravane. Les chameaux de Rahman Qoul sont les chameaux dits de Bactriane. Leurs congénères peuplent les régions semi-désertiques de la Chine, du Sin Kiang, de la Mongolie et du Tibet. Ce sont des animaux puissants et robustes : leur taille oscille autour de deux mètres et leur poids peut atteindre cinq cents kilos. Ils se déplacent lentement, mais d'un pas sûr, dodelinant parfois de la bosse antérieure. Ces deux énormes bosses sont la réserve des chameaux. A elles deux, elles peuvent contenir jusqu'à cent kilos de graisse. Bien fermes ou ramollies, elles sont le thermomètre de leur santé. Lorsqu'ils sont fatigués ou malades, elles s'affaissent et s'atrophient jusqu'à disparaître entièrement. Le chameau est l'animal qui a le plus de valeur : un chameau vaut huit yaks, neufs chevaux ou quarante-cinq moutons. Il transporte en effet jusqu'à deux cent quatre-vingts kilos de marchandises, et procure en outre lait, viande et laine.

Une épaisse toison de laine, variant en finesse et en moelleux d'un animal à l'autre, véritable crinière le long du cou inférieur s'agglomérant en touffes sur le front et certaines parties des pattes, prouve son adaptation aux grands froids des hauts plateaux de l'Asie centrale. Cette laine est belle et précieuse, « si précieuse que je dois faire garder nos chameaux la nuit pour empêcher les Wakhis de venir voler des touffes de laine », nous confie un chamelier.

A la sortie de Sarhad, nous nous engageons dans la vallée de la rivière Wakhan. De cinq cents mètres de large, celle-ci se rétrécit rapidement jusqu'à devenir gorge. Nous chevauchons sur la rivière gelée. C'est par un instinct très sûr que les Kirghiz déterminent l'endroit le plus favorable à notre passage et, pour le rendre moins glissant, le saupoudrent de cendre ou de sable. En file indienne, hommes, chameaux et chevaux suivent attentivement ce sentier. A plusieurs reprises, Abdoul Wakil se baisse et flaire la rivière ; il tend une oreille attentive à la manière d'un médecin enregistrant les pulsations du cœur. Il progresse à tout petits pas, au bord de crevasses qui laissent apparaître à nu des eaux bouillonnantes. Nous avançons sur une croûte de glace de plus d'un mètre d'épaisseur. Malgré tout, des craquements se font parfois entendre, et de grosses fissures sillonnent en un éclair la glace immaculée. Les parois de la gorge tombent à pic sur ce corridor glacial et sont si hautes que le soleil ne nous atteint qu'au zénith.

En début d'après-midi, nous abandonnons le lit de la rivière devenu trop étroit, et négocions la montée d'un col. Aï Bash ouvre un sac de sable et en saupoudre une langue de glace si glissante que les chameaux ne pourraient s'y aventurer. La pente est raide. Les bêtes renâclent et les chameliers doivent les encourager. La caravane s'arrête tous les cinquante mètres pour reprendre souffle. Soudain, le dernier chameau s'effondre au bord du précipice, mais d'instinct se met à ramper, littéralement sur quelques mètres : au risque de leur propre vie, les chameliers le déchargent, pour qu'il puisse se remettre debout.

Avec le crépuscule qui descend, les montagnes semblent démesurément grandir, et chacun se recroqueville. « Elles sont si hautes, dit-on, que les oiseaux eux-mêmes n'en peuvent

66 Un chameau vaut huit yaks, neuf chevaux ou quarante-cinq moutons. **99**

franchir le sommet qu'à pattes. » Hommes et bêtes s'arc-boutent à flanc de montagne.

Le sommet est enfin atteint. Un instant, la silhouette noire, solide mais courbée vers la terre, de ces « fils de nuages » se découpe sur un fond de ciel couleur de plomb.

Lorsque je m'arrête un instant pour souffler, c'est le silence, un silence absolu, qui me donne le vertige. Nous passons la nuit dans une caverne infestée de rats. Il y en a plusieurs de la sorte dans cette vallée : contre la paroi extérieure, des fagots ou quelques branchages sont posés, destinés aux éventuels visiteurs, témoins réconfortants de l'entraide tacite des voyageurs du Pamir. Le feu y est vital : avant l'apparition des allumettes, l'objet le plus précieux du caravanier était le *tchaqmaq* (briquet à silex), qui valait un cheval.

La piste du nouveau col que nous empruntons dans l'après-midi permet à peine le passage d'un cheval, et longe des précipices vertigineux. J'ai peur, mais cette peur passe au second plan tant il me faut lutter pour atteindre l'étape.

Roland et Sabrina Michaud,
Caravanes de Tartarie,
Éditions du Chêne, 1977

Les périls

« Partir pour le pays de la soie, c'était se jeter délibérément dans tous les périls. A combien de bêtes féroces, de bandits sans merci, de malins esprits, faudrait-il échapper ?... Ne disait-on pas que dans le désert, des voix et des apparitions, sirènes terrestres, se plaisaient à égarer les voyageurs, pour les perdre irrémédiablement dans les sables ? »

Luce Boulnois

Mourir de soif

Non loin de la quatrième tour, il entra dans le désert appelé *Mo jia yan*, qui a une longueur de quatre-vingts *li* et que les anciens appelaient *Sha he* ou le Fleuve de sable. On n'y voit ni oiseaux, ni quadrupèdes, ni eau, ni pâturages. Pour se guider, il s'étudiait à observer, en marchant, la direction de l'ombre, et il lisait avec ferveur le livre de la Sainte Sagesse bouddhique (Prajña Pâramitâ).

[...] Après avoir fait une centaine de *li*, il s'égara. Il chercha en vain la Source des chevaux sauvages pour y puiser de l'eau. Pressé par la soif, il souleva son outre ; mais comme elle était fort lourde, elle s'échappa de ses mains et tout le contenu se répandit à terre. Il perdit ainsi, en un moment, une provision d'eau qui pouvait lui suffire pour mille *li*. De plus, comme le chemin faisait de longs circuits, il ne savait plus quelle direction suivre. Il eut alors la pensée de retourner du côté de l'est, vers la quatrième tour à signaux.

Après avoir fait une dizaine de *li*, il songea ainsi en lui-même : « A l'origine, j'ai juré, si je n'arrive pas en Inde, de ne jamais faire un pas pour retourner en Chine. Maintenant, pourquoi suis-je venu ici ? J'aime mieux mourir en allant vers l'Occident que de retourner dans l'Est pour y vivre ! »

Là-dessus, il détourna la bride de son cheval, et, priant avec ferveur *Guan yin*, il se dirigea vers le nord-ouest. Il regarda de tous les côtés et découvrit les plaines sans bornes où l'on ne voyait aucune trace d'hommes ni de chevaux. Pendant la nuit, des esprits méchants faisaient briller des torches aussi nombreuses que les étoiles ; le jour, des vents terribles soulevaient le sable et le répandaient comme des torrents de

pluie. Au milieu de ces cruels assauts, son cœur restait étranger à la crainte ; mais il souffrait d'un manque d'eau, et il était tellement tourmenté par la soif qu'il n'avait pas la force de faire un pas. Pendant quatre nuits et cinq jours, pas une goutte d'eau n'humecta sa gorge ni sa bouche. Une ardeur dévorante brûlait ses entrailles, et peu s'en fallut qu'il ne succombât. Hors d'état d'avancer, il se coucha au milieu du sable, et, bien qu'il fût exténué de faiblesse, il invoqua le nom de *Guan yin*.

Il pria avec une ardeur infatigable jusqu'au milieu de la cinquième nuit, lorsque soudain une brise délicieuse vint pénétrer tous ses membres et les rendit aussi souples et aussi dispos que s'il se fût baigné dans une eau rafraîchissante. Aussitôt ses yeux recouvrèrent la vue et son cheval lui-même eut la force de se lever. Ainsi ranimé, il put prendre un peu de sommeil. Mais pendant qu'il dormait, il vit en songe un grand esprit, haut de plusieurs *zhang*, qui, tenant une lance et un étendard, lui cria d'une voix terrible : « Pourquoi dormir encore au lieu de marcher avec ardeur ? »

Réveillé en sursaut, le Maître de la loi se mit en route. Il avait fait une dizaine de *li* lorsque, tout à coup, son cheval changea de direction sans qu'il lui fût possible de le retenir ou de le ramener dans son premier chemin. Au bout de quelques *li*, il vit plusieurs arpents de pâturages verts, descendit de son cheval et le laissa brouter à son aise. Après avoir quitté ces herbages, il voulut retourner sur ses pas ; mais il se vit près d'un étang dont l'eau était pure et claire comme un miroir. Il descendit et en but à longs traits. Grâce à ce double secours, le cheval et le voyageur recouvrèrent force et vie.

Huili et Yanzong,
Histoire de la vie de Xuanzang,
1853

Affronter les brigands

Le Maître de la loi, après avoir visité avec respect les monuments sacrés, partit du royaume d'*A yu tuo*, suivit le cours du Gange et avec quatre-vingts personnes qui s'étaient embarquées sur le même bateau, il descendit dans la direction de l'est pour aller dans le royaume d'*A ye mu qie* (Âyamukha).

Quand il eut fait une centaine de *li*, il vit les deux rivages du fleuve ombragés d'arbres Aśoka dont le feuillage était extrêmement touffu. Ces arbres abritaient de chaque côté une dizaine de bateaux de pirates. Ceux-ci, faisant force de rames, s'avancèrent à leur rencontre au milieu du courant, et se montrèrent tout à coup à leurs yeux. Plusieurs passagers, saisis d'épouvante, se précipitèrent dans le fleuve. Aussitôt les pirates entourèrent la barque et la conduisirent au rivage. Là, ils forcèrent tous les passagers de quitter leurs vêtements, et les fouillèrent pour trouver ce qu'ils pouvaient avoir de précieux. Or, ces brigands adoraient la déesse Durgâ. Chaque année, en automne, ils cherchaient un homme bien fait et d'une belle figure ; après l'avoir tué, ils prenaient sa chair et son sang, et les offraient en sacrifice à cette divinité, pour obtenir le bonheur. Quands ils eurent examiné le Maître de la loi, dont la taille noble et la figure. distinguée répondaient à leurs vues cruelles, ils se regardèrent l'un l'autre d'un air joyeux : « Nous allions, dirent-ils, laisser passer l'époque du sacrifice qu'exige notre déesse, faute de trouver un sujet digne d'elle ; mais voici un religieux d'une belle stature et d'un visage charmant. Tuons-le pour obtenir le bonheur. »

« Si ce corps vil et méprisable, leur dit *Xuan zang,* pouvait répondre dignement au but de votre sacrifice, en vérité je n'en serais pas avare. Mais comme je viens des pays lointains pour admirer l'image de la Bodhi et le pic du Vautour, me procurer des livres sacrés et m'instruire dans la Loi, ce vœu n'étant pas encore accompli, je crains, hommes généreux, qu'en m'ôtant la vie vous ne vous attiriez les plus grands malheurs. » Tous les hommes du bateau prièrent ensemble les pirates, il y en eut même qui offrirent de mourir à sa place ; mais ils s'y refusèrent obstinément. Sur ces entrefaites, le chef des pirates envoya des hommes chercher de l'eau au milieu du bois fleuri d'Aśoka, et les chargea de construire un autel en terre pétrie avec de la vase du fleuve ; puis il ordonna à deux satellites de tirer leurs sabres, d'entraîner *Xuan zang* en haut de l'autel et de le sacrifier immédiatement. Mais le Maître de la loi ne laissa voir sur sa figure aucune trace de crainte ni d'émotion. Les pirates en furent touchés et surpris. *Xuan zang*, voyant qu'il ne pourrait y échapper, pria les brigands de lui accorder quelques moments de répit, et de ne point le presser avec violence. « Laissez-moi, leur dit-il, entrer dans la Nirvâna avec une âme calme et joyeuse. ».

Alors le Maître de la Loi songea avec amour à Maitreya, et tourna toutes ses pensées vers le Ciel de la connaissance suffisante, formant des vœux ardents pour y naître, afin d'offrir à ce Bodhisattva ses respects et ses hommages, de recevoir le Yoga śâstra, d'entendre expliquer la loi excellente (Saddharma), et d'arriver à l'état de Bouddha ; puis de redescendre et de renaître sur la terre pour instruire et convertir ces hommes, leur faire pratiquer des actes de vertu supérieure et abandonner leur infâme profession ; et enfin de répandre au loin tous les bienfaits de la Loi, et de procurer la paix et le bonheur à toutes les créatures. Alors il adora les Bouddhas des dix contrées du monde, s'assit dans l'attitude de la méditation et attacha énergiquement ses pensées sur Maitreya, sans laisser poindre aucune idée étrangère.

Tout à coup, au fond de son âme

ravie, il lui sembla qu'il s'élevait jusqu'au mont Sumeru, et qu'après avoir franchi un, deux et trois cieux, il voyait dans le Ciel de la connaissance suffisante le vénérable Maitreya assis sur un trône resplendissant, et entouré d'une multitude de deva. Dans ce moment, il nageait dans la joie, de corps et d'âme, sans savoir qu'il était près de l'autel, sans songer aux pirates altérés de son sang. Mais ses compagnons s'abandonnaient aux cris et aux larmes, lorsque soudain un vent furieux s'élève de tous côtés, brise les arbres, fait voler le sable en tourbillons, soulève les flots du fleuve et engloutit les bateaux. Les pirates sont saisis de terreur, et interrogeant les compagnons de *Xuan zang* : « D'où vient ce religieux et quel est son nom ? leur demandèrent-ils.

– C'est, répondirent-ils, un religieux renommé qui vient de Chine pour chercher la Loi ; si vous le tuez, seigneurs, vous vous attirerez ses châtiments sans nombre. Ne voyez-vous pas déjà, dans les vents et les flots, des signes terribles de la colère des esprits du ciel ? Hâtez-vous de vous repentir. »

Les brigands, saisis d'effroi, s'exhortèrent mutuellement au repentir et, se prosternant jusqu'à terre, renoncèrent à leurs projets homicides.

Dans ce moment, un des pirates ayant touché de la main *Xuan zang*, il ouvrit les yeux et leur dit : « Mon heure est-elle arrivée ? – Maître, répondirent les brigands, nous n'oserions pas vous faire du mal ; nous désirons, au contraire, vous montrer notre profond repentir. »

Le Maître de la loi, ayant reçu leurs hommages et leurs excuses, leur enseigna que ceux qui se livrent au meurtre, au vol et à des sacrifices impies, endureront, dans la vie future, des souffrances éternelles. « Comment oserez-vous, leur dit-il, pour contenter ce corps méprisable, qui passe en un instant comme l'éclair et la rosée du matin, vous attirer des tortures qui durent un nombre infini de siècles ? »

Les pirates se prosternèrent à terre et lui offrirent d'humbles excuses. « Nous étions, lui dirent-ils, frappés d'aveuglement et de folie, et nous avons commis des crimes odieux. Si nous n'avions pas rencontré un maître vénérable dont la vertu a touché les esprits célestes, comment aurions-nous pu entendre ses instructions ? A dater de ce jour, nous jurons de renoncer à notre infâme métier, et nous voulons que le maître soit témoin de notre conversion. ».

En disant ces mots, ils s'exhortèrent au bien les uns les autres, ramassèrent leurs instruments de meurtre et les jetèrent dans le fleuve ; puis ils restituèrent à chaque passager ses vêtements et ses provisions. Après quoi, ils reçurent avec respect les Cinq Défenses.

Bientôt les vents et les flots se calmèrent. Les pirates, transportés de joie, saluèrent le Maître de la loi et prirent congé de lui.

idem

Faire naufrage

Quand nous fûmes en vue des monts de Conxinacau, qui sont à la hauteur de quarante et un degrés deux tiers, il survint un vend du sud, que les Chinois appellent *tufão*, tellement impétueux qu'on ne pouvait croire que ce fût une chose naturelle. Ainsi, comme nos vaisseaux étaient à rames, bas de bord, faibles et sans mariniers, nous nous vîmes réduits à une si grande extrémité que, désespérant de notre salut, nous nous laissâmes aller le long de la côte où le courant de l'eau nous portait : car nous pensâmes qu'il y avait apparemment plus de chance de mourir parmi les rochers que de nous laisser engloutir au plus profond de l'eau. Toutefois, bien que nous eussions choisi ce dessein pour le meilleur et le moins pénible, il ne put réussir, car sur l'après-dîner le vent passa au nord-ouest, ce qui fit élever les vagues à une telle hauteur qu'elles étaient effroyables à voir. L'extrême frayeur que nous eûmes alors nous fit entreprendre de jeter dans la mer tout ce que nous avions, jusqu'aux caisses pleines d'argent. Cela fait, nous coupâmes les deux mâts, parce que nos vaisseaux étaient alors tout ouverts.

Ainsi dépourvus de mâts et de voiles, nous courûmes tout le reste du jour. A la fin, vers minuit, nous entendîmes dans le vaisseau d'Antonio de Faria un grand bruit de personnes qui s'écriaient : « Seigneur Dieu ! miséricorde ! » Ce qui nous fit croire qu'il se perdait. Leur ayant alors répondu de même façon, nous ne les entendîmes plus, comme s'ils eussent été déjà noyés. Nous en fûmes si effrayés et si hors de nous qu'une grosse heure durant personne ne sonna mot.

Après que nous eûmes passé toute cette triste nuit dans une si grande affliction, notre vaisseau, une heure avant le jour, s'ouvrit par la contre-quille, de sorte qu'en un instant il se trouva rempli d'eau jusqu'à hauteur de huit empans et que nous nous sentîmes couler au fond sans aucune espérance de remède. Alors nous jugeâmes bien que c'était le bon plaisir de Notre-Seigneur que nos vies et nos peines s'achèvent en ce lieu. Le lendemain, aussitôt qu'il fit jour et que nous eûmes

porté nos regards bien loin sur la mer, nous ne découvrîmes point Antonio de Faria, si bien que nous achevâmes de perdre courage au point que pas un de nous n'eut alors le cœur à rien.

Nous persistâmes dans cette angoisse jusqu'à dix heures environ, éprouvant tant d'appréhension et d'effroi que les paroles ne sauraient suffire pour les dire. A la fin, nous fûmes jetés à la côte et, presque noyés que nous étions, les

aufrage devant Java, miniature extraite du *Livre des Merveilles.*

vagues de la mer nous roulèrent jusqu'à une pointe d'écueils qui s'avançaient près de nous. A peine les touchâmes-nous que ce roulement fracassa tout. Nous nous attachâmes alors les uns aux autres en criant à haute voix : « Seigneur Dieu ! miséricorde ! » De vingt-cinq Portugais que nous étions, il n'y en eut que quatorze de sauvés. Les autres furent noyés avec dix-huit valets chrétiens et sept mariniers chinois.

Voilà quel fut ce grand désastre qui arriva un lundi cinquième d'août, en l'année 1542. Que Dieu en soit loué à jamais.

Fernao Mendes Pinto,
la Pérégrination,
Calmann-Lévy, 1968.

Démons et merveilles

Dans leurs voyages lointains les explorateurs sont confrontés à des mondes nouveaux, peuplés de monstres mi-hommes mi-bêtes, d'animaux fantastiques, d'ethnies aux mœurs extraordinaires.

Aux prises avec des monstres canins

En retournant dans leurs terres, les Mongols passèrent par des régions désertiques et atteignirent un pays où, comme nous l'ont attesté des prêtres russes et d'autres personnes qui séjournèrent longtemps à la cour impériale, ils découvrirent des monstres de forme féminine. Ils firent appel à de nombreux interprètes et demandèrent aux étranges créatures où se trouvaient leurs époux. Celles-ci leur apprirent qu'il naissait sur le territoire quelques femmes de forme humaine et que les hommes avaient l'aspect de chiens. Comme l'envahisseur s'attarda dans le pays, les monstres canins se rassemblèrent à quelque autre endroit du fleuve et, profitant de l'hiver rigoureux, se jetèrent à l'eau, en sortirent, se roulèrent dans la poussière de telle sorte que la terre mêlée à l'eau gela sur leur corps. L'opération répétée à plusieurs reprises finit par les recouvrir d'une épaisse couche de glace. La bande se rua ensuite en force sur les Tartares qui les arrosèrent de flèches, mais les traits ricochèrent sur le dos des phénomènes comme sur des pierres. Le recours à d'autres armes ne réussit pas davantage à les blesser. Les monstres bondirent alors sur les Mongols, les mordirent, en tuèrent un bon nombre et rejetèrent les survivants hors du territoire. Depuis lors le proverbe suivant est en usage parmi les Tartares : « ton père ou ton frère a été tué par les chiens ». Les vaincus toutefois capturèrent quelques femmes du pays et les emmenèrent dans leurs campements où elles habitèrent jusqu'à leur décès.

Autres monstres canins

L'armée tartare atteignit ensuite le pays

des Samoyèdes, peuplade qui vit exclusivement de la chasse et se fabrique les huttes et les vêtements avec des peaux de bêtes. Elle parvint ensuite au territoire que borde l'océan (glacial arctique), habité de monstres qui, selon ce qui nous a été affirmé, ont la forme humaine sauf que les jambes se terminent en pieds de bœufs ; leur crâne est de même conformation que le nôtre, mais la face est d'aspect canin. Ces étranges créatures expriment deux paroles à la façon des hommes, puis en aboyent une troisième comme des chiens ; mais du fait qu'elles répètent leurs cris, leur discours coupé d'aboyements peut être compris. Les troupes rentrèrent ensuite dans le pays des Comans où demeure encore une minorité de Mongols.

Les Cyclopes

Après la défaite des Circassiens, les Mongols descendirent vers le sud en direction de l'Arménie. Traversant les déserts, ils découvrirent, comme on nous l'a affirmé, des monstres d'aspect humain, mais n'ayant qu'un bras au milieu de la poitrine et une seule jambe. Deux hommes maniaient le même arc et tous couraient avec une telle rapidité qu'un cheval ne pouvait les suivre, et ceci en sautillant sur la jambe, ou lorsque la fatigue les gagnait, en sautant sur la main puis le pied et en tournoyant comme une roue. Isidore (de Séville) a désigné ces phénomènes sous le nom de cyclopes. Quand la seconde manière de se déplacer les avait épuisés, les monstres sautillaient de nouveau sur la jambe. Les Mongols en tuèrent quelques-uns. Quelques représentants de la race, nous dirent les prêtres russes qui résident à la cour du grand khan, y vinrent conclure la paix. L'armée mongole poursuivit

son chemin et occupa successivement l'Arménie (1235-1236) et une partie de la Géorgie ; le reste de ce territoire se soumit ultérieurement. Depuis lors les vaincus payent un tribut annuel de 40 000 pièces de monnaie d'or byzantine.

Jean de Plan Carpin,
Histoire des Mongols,
Editions franciscaines, 1961

Les cynocéphales

Quand on quitte les deux îles susdites et fait bien cent quarante lieues vers le Ponant, on trouve une île nommée Angaman, qui est bien grande et riche. Ils n'ont roi. Ils sont idolâtres et vivent comme bêtes sauvages qui n'ont ni loi ni ordre, et n'ont ni maison ni rien. Et vous dirai d'une manière de gens dont il fait bon conter en notre livre. Or sachez très véritablement que les hommes de cette île ont tous une tête de chien, et dents et yeux comme chiens ; et vous n'en devez douter, car je vous dis en bref qu'ils sont du tout semblables à la tête de grands chiens mâtins. Ils ont assez d'épicerie, ils sont gens très cruels et mangent les hommes tout crus, tous ceux qu'ils peuvent prendre, pourvu qu'ils ne soient des leurs. Ils ont grande abondance de toutes manières d'épiceries. Leur nourriture est riz, et sorgho, et lait, et ils mangent de toutes manières de chair impure. Ils ont aussi des noix du Pharaon, des pommes du Paradis et maints autres fruits cultivés et sauvages différents des nôtres.

Et cette île est dans une mer dont le courant est si fort, et si profonde, que les nefs n'y peuvent jeter l'ancre, ni d'ailleurs naviguer, car le courant les entraîne en un certain golfe dont elles ne peuvent ressortir. C'est parce que cette mer, dans sa fureur, ronge toute la terre et déracine les arbres qu'elle abat avec les racines, et entraîne dans ce golfe. En ce golfe sont donc attirés sans cesse tant d'arbres qui jamais n'en sortent, que c'en est merveille. Aussi, les nefs qui entrent dans ce golfe s'enchevêtrent tellement dans les arbres qu'elles ne peuvent plus se mouvoir et y demeurent toujours.

Or, nous avons conté le fait de cet étrange peuple, car il fait bonne figure en notre livre. Nous en partirons donc et vous conterons d'autres choses, et vous dirons d'une île qui est appelée Seilan.

Marco Polo,
La Description du monde,
Klincksieck, 1955

Les poissons fabuleux de l'océan Indien

Dans cette mer est un animal qui paraît quelquefois avec de l'herbe et des coquillages qui ont poussé sur son dos ; il arrive que les mariniers accrochent à lui leurs ancres, le prenant pour une île : quand ils reviennent de leur erreur, ils s'éloignent de lui à toutes voiles. Il arrive que cet animal déploie une de ses nageoires qui est sur ses reins, et c'est comme une voile de navire. Parfois il sort sa tête [de l'eau] et elle apparaît comme une chose énorme. Parfois il souffle l'eau de sa bouche, et c'est comme un grand minaret. Lorsque la mer est calme, les poissons se rassemblent : il les rabat sur lui avec sa queue, puis il ouvre la bouche et on voit alors les poissons plonger à l'intérieur de son corps comme ils plongeraient dans un puits. Les vaisseaux qui sont dans cette mer le craignent : aussi, pendant la nuit, ceux qui les montent battent-ils des

simandres, comme les simandres des chrétiens, de peur qu'il ne s'appuie contre le navire et ne le coule.

Dans cette mer il y a une bête, que nous avons pêchée, dont la longueur peut atteindre vingt coudées : nous lui fendîmes le ventre, et nous en sortîmes un autre animal de la même espèce ; nous fendîmes le ventre du second, et nous y trouvâmes son pareil : tout cela vivant et frétillant, et se ressemblant quant à l'apparence. A ce grand animal, qu'on appelle *vâl*, [s'attache], malgré sa taille énorme, un poisson, appelé *lachk*, dont la longueur n'est que d'une coudée. Lorsque cet animal sévit, se déchaîne, et maltraite les poissons dans la mer, ce [petit] poisson, auquel [Dieu] a donné puissance sur lui, vient [se coller] au fond de son ouïe et ne le quitte plus avant de l'avoir tué. Il s'attache également aux navires ; aussi la grosse bête n'approche-t-elle point de ceux-ci pour éviter la petite.

Relation de la Chine et de l'Inde,
Les Belles Lettres, Paris, 1948

Les merveilleux habitants de l'île de Dondiin

Le cannibalisme fait partie de l'arsenal des merveilles qui étonnaient les voyageurs comme Odoric de Pordenone au XIVe siècle. Les habitants des îles Andaman, appelées ici Dondiin, étaient connus pour leur sauvagerie.

De ceste isle m'en alay vers midi jusques a une grant isle qui a nom Dondiin. En ceste isle a les plus merveilleuses gent et la plus mauvaise qui soit ou monde. Ilz menguent char crue et toutes manières d'autres ordures treuve on en eulx et de cruautés. Car le père y mengue le filz, et le filz son père, li maris sa femme, et la femme son

" Car le père y mengue le filz, et le filz son père, li maris sa femme, et la femme son mari. **"**

mari ; et se le père ou la mère d'aucun est là malade, li filz s'en va à un astronomien, c'est à dire au prestre de leur loy, et lui dist : « Sire alez à nostre Dieu et lui demandez et sachiez se mon père ou ma mère eschappera de ceste maladie. » Donc vont ensemble ce prestre et ce filz à leur ydole qui est d'or ou d'argent et lui font oroison, et puis lui demandent se le malade mourra de la maladie ou non. Le diable respont par la bouche de l'ydole selon la demande. Se il respont que le père ne mourra point, le filz en prent soigneusement garde jusques à tant que il sera garis, et se l'ydole respont que il doit mourir li prestres vient au malade et lui met une pomme sur la bouche et l'estaint et le tue. Le père mort, vient le filz et le coppe par pièces, puis mande tous ses amis et les heraulz de la contrée et le menguent à grant joye et à grant feste et chantent et balent à grans solempnités. Tous les amis et parens du mort qui à le mengier ne sont point appellé en sont moult honteulz et se tiennent à moult villennez et vergondez. De cest affaire

moult les reprenoie en disant que c'estoit contraire à toute raison du monde. Car chiens et loups ne mengeroient point de leur semblable se on leur donnoit. Comment donc ont gens raisonnables cuer de ce faire ? Ilz respondirent nous le faisons affin que li ver ne les menguent car se les vers rongoient sa char son ame en soufferroit trop grant peine. Pluseurs autres manières de merveilles sont de ceste isle que nulz a peine vouldroit croire se il ne les veist. Car en tout le monde la on puist trouver tant de merveilles. Mais je y vis a mes yeulx ce que je escrips. De ceste isle demanday a pluseurs, mais tous s'accordoient que ceste isle contient en soy bien XXIIII isles toutes solempneles et bien habitées et sy a LIIII roys couronnez.

Odoric de Pordenone,
les Voyages en Asie,
Paris, 1891

L'arche de Noé

Et encore, vous dirai qu'en le mitan de cette Grande Arménie est l'arche de

Noé, sur une grande montagne. C'est vraiment une très grande et haute montagne, pareille à un cube, sur laquelle, ce dit-on, l'arche de Noé s'est posée, et de là vient que la montagne est appelée Mont de l'arche de Noé. Elle est si large et si longue qu'en deux journées n'en ferait-on le tour. Au sommet de la montagne y a toujours si grande quantité de neige que nul ne saurait aller jusqu'au sommet, parce que la neige ne fond jamais entièrement ; mais chacune se dépose sur l'autre, et ainsi s'accroît. Cette arche est de très loin visible, car très haute est la montagne sur laquelle elle se trouve, et il y a de la neige presque toute l'année ; en certain endroit, c'est comme s'il y avait une tache et une grande chose noire qu'on voit de très loin au milieu de ces neiges, mais de près, on ne voit rien du tout. Cette Arménie a maintes grandes et hautes montagnes et entre autres y a certaine montagne appelée Mont Baris, ou Mont Olympus, et cette montagne semble toucher le ciel. Et certains disent que beaucoup s'y sauvèrent des eaux du grand déluge. Dans ces parties l'arche de Noé est appelée la nef du monde. Ils en parlent tout aussi peu que si point n'était là, à moins que des visiteurs ne demandent à son propos : alors ils en parlent, et disent que cette chose noire est la nef du monde. Mais sur les pentes devers la plaine, grâce à l'humidité de la neige qui découle quand elle fond, la montagne est si grasse et abondante en herbe qu'en été, tous les troupeaux de moutons d'alentour sont amenés sans exception de fort loin pour y séjourner. A quoi ne manquent jamais. En outre, grâce à la descente des neiges, un limon épais se forme sur la montagne.

Et maintenant sur les frontières de

l'Arménie devers le sud sont ces provinces : Mossoul, Mus, et Méridin, dont allons parler ci-dessous ; et y en a moult autres qui seraient longues à raconter. Elle confine donc devers le Midi et le Levant à une cité et un royaume appelés Mossoul, qui sont gens chrétiens ; ils sont Jacobites et Nestoriens, dont je vous parlerai plus loin ; mais nous n'en dirons que deux mots. Devers la Tramontane, elle confine aux Géorgiens, dont je vous parlerai également plus loin. Et sur cette frontière devers les Géorgiens, il y a une fontaine d'où sourd une liqueur telle qu'huile en grande abondance, tant que parfois un cent de grandes nefs y chargent aisément en même temps ; point n'est bonne à manger, mais est bonne à brûler et pour oindre les hommes et animaux galeux, et les chameaux pour l'urticaire et les ulcères. Et viennent les hommes chercher cette huile de très loin, et toute la contrée à l'alentour ne brûle autre huile que celle-là. Maintenant, laissons la Grande Arménie, et nous vous conterons de la province des Géorgiens.

Marco Polo,
La Description du monde,
Klincksieck, 1955

Un horizon onirique

« L'océan Indien, exotisme de l'Occident médiéval, lieu de ses rêves et de ses défoulements. »
Le premier rêve indien de l'Occident médiéval, c'est celui d'un monde de la richesse. Dans ce domaine indigent de la Chrétienté occidentale – *latinitas penuriosa est* dit Alain de Lille –, l'océan Indien semble regorger de richesses, être la source d'un flot de luxe. Rêve surtout lié aux îles, les innombrables « îles fortunées », îles heureuses et comblées, qui font le prix de l'océan

Indien, mer parsemée d'îles. « En cette mer de l'Inde, dit Marco Polo, il y a douze mille sept cents îles... Il n'y a nul homme au monde qui, de toutes les îles de l'Inde, puisse conter la vérité... C'est tout le meilleur et la fleur de l'Inde... »
Le symbolisme chrétien entoure encore les îles d'une auréole mystique, puisqu'elle en fait l'image des saints gardant intacts leur trésor de vertus, vainement battus de toutes parts par les vagues des tentations. Iles productrices des matières de luxe : métaux précieux, pierres précieuses, bois précieux, épices. L'abondance est telle que, de mai à juillet, selon Marco Polo, au royaume de Coilum, qui est la côte indienne au sud-ouest de Malabar, ce ne sont que moissons de poivre : « on le charge en vrac sur les nefs, comme chez nous on charge le froment ». Le royaume de Malabar est riche de si « grandissimes quantités » de perles pêchées en mer que son roi va tout nu, couvert seulement de perles de la tête aux pieds, « cent quatre des plus grosses et des plus belles » à son seul cou. Iles qui ne sont parfois tout entières qu'or pur ou argent pur, ainsi les îles Chryse et Argyre... De toutes ces îles, la « meilleure », c'est-à-dire la plus grande et la plus riche, c'est Taprobane, qui est Ceylan. Horizon mi-réel, mi-fantastique, mi-commercial, mi-mental, lié à la structure même du commerce de l'Occident médiéval, importateur de produits précieux lointains, avec ses retentissements psychologiques.

A ce rêve de richesse est lié un rêve d'exubérance fantastique. Les terres de l'océan Indien sont peuplées d'hommes et d'animaux fantastiques, elles sont un univers de monstres des deux catégories. Comme le dit Honorius Augustodunensis : « Il y a là des monstres dont certains sont classés dans l'espèce humaine, d'autres dans les espèces animales. »

A travers eux, l'Occident échappe à la réalité médiocre de sa faune, retrouve l'inépuisable imagination créatrice de la nature et de Dieu. Hommes aux pieds tournés vers l'arrière, cynocéphales qui aboient, vivant bien au-delà de la durée de l'existence humaine et dont le poil, dans la vieillesse, noircit au lieu de blanchir, monopodes qui s'abritent à l'ombre de leur pied levé, cyclopes, hommes sans tête qui ont des yeux sur les épaules et deux trous sur la poitrine en guise de nez et de bouche, hommes qui ne vivent que de l'odeur d'une seule espèce de fruit et meurent s'ils ne peuvent plus la respirer. Anthropologie surréaliste comparable à celle d'un Max Ernst... A côté de ces hommes monstrueux, pullulent les bêtes fantastiques. Celles faites de pièces et de morceaux, telle la « bestia leucocroca » qui a un corps d'âne, un arrière-train de cerf, une poitrine et des cuisses de lion, des pieds de cheval, une grande corne fourchue, une large bouche fendue jusqu'aux oreilles d'où s'échappe une voix presque humaine ; et celles qui ont face humaine comme la *mantichora*, à trois rangs de dents, au corps de lion, à la queue de scorpion, aux yeux bleus, au teint empourpré de sang, dont la voix siffle comme celle d'un serpent, plus rapide à la course qu'un oiseau volant, anthropophage au demeurant. Rêve de foisonnement et d'extravagance, de juxtapositions et de mélanges troublants, forgé par un monde pauvre et borné. Monstres qui sont aussi souvent un écran entre l'homme et la richesse entrevue, rêvée, désirée : les dragons de l'Inde veillent sur les trésors, sur l'or et l'argent et

empêchent l'homme d'en approcher.

Rêve qui s'élargit en la vision d'un monde de la vie différente, où les tabous sont détruits ou remplacés par d'autres, où l'étrangeté sécrète l'impression de libération, de liberté. Face à la morale stricte imposée par l'Église se déploie la séduction troublante d'un monde de l'aberration alimentaire où l'on pratique coprophagie et cannibalisme, de l'innocence corporelle où l'homme, libéré de la pudeur vestimentaire,

retrouve le nudisme, la liberté sexuelle, où l'homme, débarrassé de l'indigente monogamie et des barrières familiales, s'adonne à la polygamie, à l'inceste, à l'érotisme.

Par-delà encore, rêve de l'inconnu et de l'infini, et de la peur cosmique. Ici l'océan Indien est le *mare infinitum*, l'introduction au monde des tempêtes, à la *terra senza gente* de Dante. Mais l'imagination occidentale se heurte ici aux frontières de ce monde qui est bien en définitive le monde clos où son rêve tourne en rond. D'un côté, il se heurte aux murs qui contiennent provisoirement l'Antéchrist, les races maudites de la fin du monde, Gog et Magog, il débouche sur son propre anéantissement apocalyptique. De l'autre, il retrouve sa propre image renversée, le monde à l'envers ; et l'anti-monde dont il rêvait, archétype onirique et mythique des *antipodes*, le renvoie à lui-même.

Pour un autre Moyen Age,
Jacques Le Goff, Gallimard, 1979

De l'or et des épices

« La naissance de l'homme d'affaires, c'est la gestation et le développement d'un ou de plusieurs types d'hommes. Certes, les aboutissements intellectuels et sociaux laissent se poser la question : y-a-t-il, à la fin du Moyen Âge, un homme d'affaires ? N'y-a-t-il pas autant d'hommes que d'affaires, et autant de types que de climats ou de marchés ? »

Jean Favier

Le marchand vénitien

Très généralement, le marchand vénitien est fils de marchand, dès l'enfance entraîné, voué au commerce. On lui fait étudier la grammaire et l'abaque, c'est-à-dire la comptabilité, puis on l'engage sur un bateau, par exemple comme arbalétrier, pour qu'il connaisse la mer, ses périls, la vie rude du marin. En même temps, on lui donne quelques marchandises qu'il embarque, surveille et vend, apprenant ainsi à faire quelques bénéfices. Puis on le place chez un parent ou un correspondant, dans une ville lointaine, d'où il revient parfois en convoyant des denrées destinées à sa famille ou appartenant à la société. Enfin, il devient lui-même correspondant de la société familiale et de plusieurs autres, à Alexandrie, où il s'occupe de coton et d'épices, à Candie, où il trafique sur le vin et les esclaves, à Constantinople, où il peut réaliser de fructueuses opérations bancaires. Fortune faite et héritant de son père, il commence alors à Venise une nouvelle existence. S'il n'est pas marié, il se hâte de fonder un foyer, et consacre une partie de son temps à l'éducation de ses fils. Sa culture est essentiellement pragmatique, fondée sur les chiffres et l'expérience, et sur la connaissance des pays étrangers et de leurs usages ; outre le vénitien, il sait souvent le français et la langue de ses principaux clients, le catalan ou l'allemand ou le grec ; le latin des clercs et des notaires ne lui est pas inutile, mais on trouve rarement dans sa bibliothèque avant le XVᵉ siècle les œuvres juridiques ou littéraires de l'Antiquité classique. Qu'il soit riche ou que son aisance soit moyenne, ce marchand rationnel et laïque ne cesse de s'intéresser au commerce, de contracter des *colleganze*, de passer des ordres à ses correspondants ; il investit par ailleurs une partie de son capital dans des propriétés terriennes, récoltant son blé, mangeant ses fruits, mais aussi dans des rentes sur l'État, dans des immeubles ; le « palais » qu'il habite est aménagé au goût du temps : souci de tenir son rang dans cette république du négoce, qui se conjugue parfois avec un sens aigu du beau ; le mécénat des aristocrates de la marchandise est une des composantes de l'extraordinaire floraison artistique dont nous admirons encore l'harmonie.

Ayant plus de temps disponible et vivant désormais au centre du monde vénitien, le marchand, s'il appartient aux familles influentes, participe nécessairement à la vie publique ; il remplit des missions de podestat, d'ambassadeur, de capitaine, entre dans les Conseils, et peut, s'il persévère, devenir commandant en chef de la flotte, procurateur de Saint-Marc, voire doge. Comme le prouvent de multiples exemples et les arbres généalogiques des plus anciennes familles vénitiennes, activités commerciales et charges publiques sont étroitement liées : Venise est non seulement une ville de commerce, elle est aussi un État de marchands, un État au service des marchands. A l'abri des vicissitudes politiques, une admirable organisation défend les intérêts de la collectivité, tout en assurant les profits des particuliers. C'est ainsi que l'État construit, arme, protège les galères, organise les convois, fixe le nombre des bateaux, nomme les capitaines, désigne la nature des marchandises à transporter ; le calendrier très strict des arrivées et des départs permet la double rotation annuelle des navires et des capitaux, dans des conditions de sécurité qui valent la meilleure des

❝Venise est un État de marchands. **❞**

assurances. L'État encourage à l'étranger, par exemple à Alexandrie, les ententes entre marchands, qui maintiennent les bas prix à l'achat, et s'il exige que toutes les marchandises achetées au loin par des Vénitiens soient chargées sur des navires vénitiens et déchargées à Venise, c'est assurément parce que le budget de l'État repose pour une large part sur la fiscalité commerciale ; mais les marchands qui siègent dans les Conseils savent qu'en définitive les taxes douanières servent à améliorer le système de navigation, donc à augmenter les bénéfices individuels.

Philippe Braunstein et Robert Delort,
Venise : portrait historique d'une cité,
Éditions du Seuil, 1971

Marchand ou ambassadeur ?

Marchand sans aucun doute par sa formation comme par sa culture, Marco Polo ne se conduit-il pas en réalité comme un envoyé officiel du pape ?

Un marchand pionnier

Les Vénitiens n'en crurent ni leurs yeux ni leurs oreilles lorsqu'ils virent se présenter à eux, en 1295, deux vieillards et un homme d'une quarantaine d'années, qui prétendaient être les trois audacieux partis vingt-quatre ans plus tôt pour le Cathay. On les tenait pour morts et leurs proches s'étaient partagé leur héritage. Aussi les voyageurs recoururent, dit-on, à un stratagème : ils offrirent un banquet à leurs parents et amis, à la fin duquel, une fois les serviteurs congédiés, le plus jeune, d'un geste théâtral, se mit à découdre la doublure des vêtements qu'il portait à son retour et à montrer des joyaux, perles et diamants, qui ne pouvaient provenir que de l'Orient lointain. L'argument était aussi séduisant que probant, car il s'accompagnait de cadeaux, auxquels émargea le doge lui-même, si l'on en croit un inventaire établi plus tard, en 1351. Le doute n'était plus permis : les « revenants » étaient bien Nicolo, Maffeo et Marco Polo, même si les fatigues d'un séjour prolongé en Chine avaient changé physiquement les voyageurs, surtout le plus jeune, parti à l'âge de quinze ans. Ramusio, au XVIe siècle, écrivit que Marco, à son retour, ressemblait à un Tartare, par son costume, son langage et ses traits.

Réintégré, Marco fit ses preuves au service de la ville trois ans plus tard, dans une guerre contre Gênes. Capturé au cours d'une défaite navale devant Ayas, il fut détenu à Gênes en compagnie d'un Pisan, homme de lettres et romancier, Rusticello, à qui il conta ses aventures asiatiques, lui confiant quelques notes. Celles-ci contenaient des précisions numériques vérifiables, et d'ailleurs vérifiées, par des historiens sinologues qui les ont

confrontées à des documents chinois.
Rusticello rédigea le tout en français,
avec un préambule attestant les
précisions précédentes. [...]

Pour une large part étude de
marchés, le livre de Marco Polo a été
rapproché de tous ces manuels de
marchands, appelés à connaître au
cours du XIVᵉ siècle une très grande
vogue avec la *Pratica della mercatura* de
Pegolotti. De fait, près de la moitié de
la *Description du monde* indique les
distances en journées et en milles entre
les villes, fournit des conseils pratiques
pour le voyage, énumère les objets du
trafic, note les poids et mesures, les
prix, les modes de paiement, numéraire
et papier-monnaie.

L'ouvrage cependant n'est pas
seulement cela. Il n'est pas non plus un
simple itinéraire, car il est difficile de
discerner l'ordre dans lequel les
déplacements de Marco en Chine se
sont déroulés. Parfois l'auteur
s'exprime à bâtons rompus et se livre à
des digressions. Voulant décrire, il fait
des choix, pourtant son livre est un
« reportage » où presque rien ne
manque. En ce qui concerne la Chine,
son exactitude, rarement en défaut, est
confirmée par une concordance avec
les documents de ce pays, en particulier
pour la description détaillée et vivante
de la ville de Hang-Tcheou (Hing-
Tsai, dont Polo fit Quinsay). Des
exagérations, quelque crédulité à
l'égard de fables invraisemblables ou
certaines erreurs même n'autorisent pas
à contester sa bonne foi. Un homme à
l'article de la mort ment rarement, s'il
est lucide ; or, raconte-t-on, le
religieux Jacopo de Cequi qui assistait
Marco mourant (celui-ci fit son
testament en 1323) l'interrogea « parce
qu'il y avait beaucoup de choses
étranges en son livre et qu'elles

défiaient toute crédulité » ; Marco
l'assura n'avoir pas révélé « la moitié de
ce qu'il avait réellement vu ».
L'étrangeté, n'est-ce pas le lot de
l'exploration et de la découverte ?

Marco Polo réserva d'ailleurs à des
conversations privées ce qu'il n'avait
pas dit en son livre. Un exemple : le
voyageur eut des entretiens avec un
médecin et astronome célèbre de
l'université de Padoue à qui Dante lui-
même fut redevable, Pietro d'Abano.
Celui-ci, dans un texte intitulé
*Conciliator differentium philosophorum et
medicorum*, rédigé avant 1310, atteste
que Marco lui « rapporta, dit, annonça
(*tulit, dixit, nuntiavit*) des choses qu'il

(*vidit*) et même lui fit un croquis (*prinxit figuram*) d'une constellation australe ». De la part de Pietro d'Abano, un vrai savant qui ne craignait pas d'opposer l'expérience à l'autorité d'Aristote, ce n'était pas apporter un éloge médiocre, mais une sorte de caution, en faveur de Marco Polo que de lui appliquer dans les termes du temps (*orbis major circuitor et diligens indagator*) la qualification de plus grand explorateur du monde et de diligent découvreur.

Michel Mollat,
les Explorateurs du XIIIᵉ au XVᵉ siècle,
Lattès, 1984

Marco Polo marchand ?

Pouvons-nous admettre les thèses traditionnelles qui, depuis fort longtemps, ont présenté Marco Polo avant tout comme un marchand, et ne voir en lui, par une sorte de conformisme aux idées reçues et, plus encore, par ce souci de simplifier, de schématiser, qui paralyse de nos jours mêmes tant de recherches en histoire sociale, qu'un homme d'affaires lancé dans une vaste prospection de nouveaux marchés, à la recherche de meilleurs profits ?

On comprend bien, certes, les raisons et les origines d'une telle attitude. A n'en pas douter, les Polo étaient des négociants de Venise, ville des épices et de la soie qui affirmait alors sa toute-puissance sur la mer, introduisait les siens sur les plus lointaines places d'Orient. De plus, pressé par le climat intellectuel de l'époque, à partir des dernières décennies du XIXᵉ siècle surtout, un fort courant historique imposait sans partage ou presque une vue relativement simpliste des choses du passé : l'histoire des institutions, des sociétés et des civilisations s'employait d'abord à exalter les mérites des « républiques bourgeoises ». On mettait constamment en relief, pour toutes les villes d'Italie, non pas toujours le caractère républicain, « démocratique » de leurs gouvernements, mais, du moins, les Communes, les bourgeois, les marchands, parés de toutes les vertus, culture « moderne » et esprit d'entreprise en tête. Ces hommes, que l'on opposait volontiers aux nobles, aux seigneurs du monde dit « féodal », avaient forgé, affirmait-on, une autre façon d'être, de percevoir le monde, de vivre en communautés. Ces marchands étaient alors à la source de tous les grands « progrès » du moment ; c'est à eux que l'on devait l'éclosion de l'humanisme, la floraison des arts et, accessoirement, la découverte du monde !

Tout naturellement, la figure de Marco Polo, Vénitien, fils et neveu de négociants installés en Orient, répondait parfaitement à ce schéma et apportait à la thèse d'autres arguments.

Cependant, si l'on veut bien s'affranchir de ces *a priori*, le problème n'est pas de savoir si Marco pouvait hériter d'expériences de métier et appartenir, par sa naissance puis son entourage au temps de sa toute jeunesse, à cette communauté des hommes d'affaires et d'argent mais, en complément tout au moins de ces évidences, de discerner si son aventure chinoise et indienne s'inscrit bien dans le cadre d'une entreprise « marchande ». Comment devons-nous l'imaginer au cours des longues années passées si loin de chez lui ? Quelles furent alors ses véritables préoccupations ? De quelle façon réagit-il devant ces mondes si nouveaux, ces États, ces sociétés qu'il affirme découvrir ?

A aucun moment Marco ne parle lui-même de ses affaires, de transactions, d'activités quelconques conduites sous son nom ou par ses deux parents, ou même par l'un de ses compatriotes. Nous ne savons rien de ses supposés commerces : aucun contrat notarié, aucune action en justice, ni inventaires de biens, ni liquidation. De ce point de vue, le séjour en Asie reste terre inconnue.

Jacques Heers,
Marco Polo,
Fayard, 1983

Marco Polo revu et corrigé

La légende de Marco Polo inspire encore romanciers et dramaturges du XXᵉ siècle, mais au-delà de l'humour ou de la nostalgie le personnage reste toujours insaisissable.

Je t'ai parlé de toutes les villes que je connais

Né en 1923 à San Remo, Italo Calvino est l'un des romanciers italiens les plus attachants de notre époque. Dans son livre, Marco Polo, ami et confident d'un Grand Khan mélancolique, se laisse aller à décrire des villes imaginaires qui n'ont leur place sur aucun atlas...

– T'est-il jamais arrivé de voir une ville qui ressemble à celle-ci ? demandait Kublai à Marco Polo.

Et il avançait sa main baguée hors du baldaquin de soie du bucenteaure impérial, et il montrait les ponts arqués par-dessus les canaux, les palais princiers dont les seuils de marbre baignaient dans l'eau, le va-et-vient des bateaux légers qui voltigeaient en zigzags sous la poussée de longues rames, les chalands qui déchargeaient les corbeilles de légumes sur les places des marchés, les balcons, les terrasses, les coupoles, les campaniles, les jardins dans les îles qui verdoyaient sur le gris de la lagune.

L'empereur, accompagné de son dignitaire étranger, visitait Hangschow, antique capitale de dynasties détrônées, dernière perle enchâssée dans la couronne du Grand Khan.

— Non, sire, répondit Marco, je n'aurais jamais imaginé qu'il puisse exister une ville semblable à celle-ci.

L'empereur voulut le regarder dans les yeux. L'étranger abaissa son regard. Kublai resta silencieux toute la journée.

Après le coucher du soleil, sur les terrasses du palais royal, Marco Polo exposait au souverain le résultat de ses ambassades. Habituellement, le Grand Khan terminait ses soirées en savourant, les yeux mi-clos, ces récits jusqu'à ce que son premier bâillement donnât à la suite des pages le signal d'allumer les torches pour conduire le souverain au pavillon de l'Auguste Sommeil. Mais cette fois Kublai ne paraissait pas décidé à céder à la fatigue.

— Parle-moi d'une autre ville encore, insistait-il.

— ... De là l'homme s'en va et chevauche trois jours entre le nord-est et le levant...

Marco recommença à parler et à énumérer les noms et les coutumes et les commerces d'un grand nombre de terres. Son répertoire pouvait être dit inépuisable, mais ce coup-ci ce fut à lui de se rendre. C'était l'aube quand il lui dit :

— Sire, désormais je t'ai parlé de toutes les villes que je connais.

— Il en reste une dont tu ne parles jamais.

Marco Polo baissa la tête.

— Venise, dit le Khan.

Marco sourit.

— Chaque fois que je fais la description d'une ville, je dis quelque chose de Venise.

— Quand je t'interroge sur d'autres villes, je veux t'entendre parler d'elles. Et de Venise, quand je t'interroge sur Venise.

— Pour distinguer les qualités des autres, je dois partir d'une première ville qui reste implicite. Pour moi, c'est Venise.

— Alors tu devrais commencer tous tes récits de voyage par leur point de départ, en décrivant Venise telle qu'elle est, et tout entière, sans rien omettre de ce que tu te rappelles.

L'eau du lac frisait tout juste ; le reflet des branches de l'antique cour des Song se brisait en réverbérations qui scintillaient, comme des feuilles flottantes.

— Les images de la mémoire, une fois fixées par les paroles, s'effacent, constata Polo. Peut-être, Venise, ai-je peur de la perdre toute en une fois, si j'en parle. Ou peut-être, parlant d'autres villes, l'ai-je déjà perdue, peu à peu.

Italo Calvino,
les Villes invisibles,
Seuil, 1974

Le millionnaire

Le dramaturge américain Eugene O'Neill (1888-1953) expose ainsi les raisons pour lesquelles il a écrit une pièce de théâtre sur Marco le millionnaire : « Cette pièce est une tentative pour rendre justice à quelqu'un qui a longtemps été connu comme voyageur et injustement – universellement – renommé comme menteur, mais à qui la postérité, le méconnaissant déplorablement, a refusé de donner la place éminente qu'il mérite en tant qu'homme et que citoyen : le Vénitien Marco Polo. »

Marco, debout, portant toujours ses valises de voyageur de commerce, jette autour de lui, bouche bée, des regards ahuris et éblouis. Son père et son oncle, multipliant les courbettes, s'approchent du pied du trône et s'agenouillent devant le Khan. Ils font des signaux frénétiques à Marco pour l'inviter à en faire autant, mais il est trop ahuri pour voir ces signaux. Tous les gens qui sont dans la salle le regardent fixement. Le Khan considère les deux frères Polo d'un air sévère. Un huissier du palais s'approche discrètement de Marco, et par gestes, lui enjoint violemment de s'agenouiller.

MARCO, *se méprenant sur le sens de ces gestes ; avec reconnaissance.* – Merci, mon vieux. (*Aux yeux horrifiés de la Cour entière, il s'assied sur l'une des valises. Tout en écoutant le rapport du messager qui a escorté les Polo, le Khan continue de regarder Maffeo et Nicolo, les sourcils froncés, de sorte qu'il ne remarque pas le comportement de Marco. Un Chambellan indigné se précipite et fait signe à celui-ci de s'agenouiller. Ahuri :* Qu'est-ce qu'il y a qui ne va pas, maintenant ?

KOUBILAÏ *congédie le Messager après avoir entendu son rapport ; puis il s'adresse*

froidement aux Polo. – Je vous souhaite la bienvenue, Messieurs Polo. Mais où sont les cent sages de l'Occident qui devaient discuter avec mes sages sur les enseignements sacrés de Lao-Tseu, de Confucius, du Bouddha et du Christ ?

MAFFEO, *vivement.* – Le nouveau Pape n'a été élu qu'au moment où nous...

NICOLO. – Et de toute manière, il n'avait pas de sages à sa disposition.

Le Khan voit maintenant Marco et une expression intriguée apparaît sur son visage.

KOUBILAÏ. – Il est avec vous ?

NICOLO, *d'une voix hésitante.* – C'est mon fils Marco, Votre Majesté... Il est encore jeune et gauche.

KOUBILAÏ. – Viens ici, Marco Polo.

Marco s'avance, essayant sans grand succès de prendre un air hardi et plein d'assurance.

MAFFEO, *en aparté mais d'une voix haute et furieuse.* – A genoux, espèce d'âne !

Marco s'agenouille n'importe comment.

KOUBILAÏ, *avec un sourire.* – Je vous souhaite la bienvenue, Messire Marco.

MARCO. – Merci beaucoup, Monsieur... je veux dire, merci votre Seigneurie... votre... *(Brusquement :)* Pendant que j'y pense... le Pape m'a chargé d'un message pour vous, Sire.

KOUBILAÏ, *souriant.* – Serais-tu par hasard les cent sages que je lui avais demandés ?

MARCO, *avec assurance.* – Ma foi... presque. Il m'a envoyé à leur place. Il a dit que, pour vous, je vaudrais bien cent sages.

NICOLO, *vivement.* – Sa Sainteté a voulu dire que Marco, en menant une vie intègre – sans négliger, bien entendu, le côté pratique – pourrait constituer un exemple qui illustrerait, mieux que des paroles de sagesse, le produit de chair et de sang de notre civilisation chrétienne.

KOUBILAÏ, *avec un sourire.* – Je sens que je vais étudier cette apothéose humaine avec un inlassable intérêt.

MARCO, *brusquement, d'un air plein d'assurance.* – Ce n'est pas tout bonnement pour plaisanter que vous avez demandé ces cent sages ? Sa Sainteté a pensé que vous deviez avoir un certain sens de l'humour. Ou que vous étiez sûrement un optimiste.

KOUBILAÏ, *avec un sourire d'appréciation.* – Votre Pieux Pape est, je le crains, un cynique très impie. *(Comme s'il essayait de résoudre mentalement une énigme ; pensif :)* Se peut-il qu'il ait cru que ce jeune homme possède cette chose nommée âme, dont l'Occident rêve qu'elle vit après la mort... et qu'il l'ait cru capable de me la révéler ? (Brusquement à Marco :)* As-tu une âme immortelle ?

MARCO, *avec surprise.* – Bien sûr ! Le dernier des idiots sait ça.

KOUBILAÏ, *humblement.* – Mais moi, je ne suis pas un idiot. Peux-tu me le prouver ?

MARCO. – Voyons, si vous n'aviez pas une âme, qu'arriverait-il quand vous mourrez ?

KOUBILAÏ. – Oui, justement, qu'arriverait-il ?

MARCO. – Rien, voyons ! Vous seriez mort... exactement comme un animal.

KOUBILAÏ. – Ta logique est irréfutable.

MARCO. – Eh bien, moi, je ne suis pas un animal, n'est-ce pas ? Il me semble que c'est assez évident, non ? *(avec fierté :)* Non, Monsieur ! Je suis un homme créé à son Image par le Tout-Puissant, et cela pour Sa plus grande gloire !

KOUBILAÏ *le regarde un long moment,*

*impressionné ; puis, avec une sorte de
ravissement.* – Ainsi, tu serais l'Image de
Dieu ! Il est certain qu'il y a en toi
quelque chose, quelque chose de
complet et de péremptoire... Mais,
attends... nous allons te mettre à
l'épreuve !

*Il frappe des mains en montrant Marco.
Des soldats, l'épée nue, bondissent en
avant, saisissent le jeune homme et lui lient
les mains derrière le dos.*

MAFFEO, *suppliant.* – Pitié ! C'est
encore un enfant !

NICOLO, *même jeu.* – Pitié ! Il ne sait
pas ce qu'il dit !

KOUBILAÏ, *sévèrement.* – Silence ! (*A
Marco, avec un calme inhumain :*)
Puisque tu possèdes la vie éternelle, cela
ne peut pas te faire de mal si on te
coupe la tête.

*Il fait un signe à un soldat qui brandit
son épée.*

MARCO, *essayant de dissimuler sa peur
sous un air de plaisanterie mal assuré.* –
Je... Je pourrais... attraper froid !

KOUBILAÏ. – Tu plaisantes, mais ta
voix tremble ! Eh quoi ! Aurais-tu peur
de mourir, immortel jeune homme ?
Allons, si tu reconnais que ton âme est
une stupide invention de la peur et que,
lorsque tu mourras, tu seras aussi mort
qu'un chien mort...

MARCO, *avec une soudaine furie.* –
Vous êtes un menteur de païen !

*Il regarde le Khan avec défi. Son père et
son oncle gémissent de terreur. Le Khan rit
et frappe dans ses mains. Les soldats
libèrent Marco.*

KOUBILAÏ, *observant avec amusement
le visage boudeur et soulagé de Marco.* – Je
te demande pardon, Marco ! Je croyais
avoir découvert un point faible, mais tu
es parfait. Tu es incapable d'imaginer ta
mort. Tu es un héros né. Il va falloir
que je te garde auprès de moi. Tu me
parleras de ton âme, et je t'écouterai

comme j'aurais écouté les cent sages de
l'Occident ! D'accord ?

MARCO, *d'une voix hésitante.* – Je sais
que c'est un grand honneur, sire...
mais, à part le côté âme de la chose, il
faut que je mange.

KOUBILAÏ, *étonné.* – Que tu
manges ?

MARCO. – Je veux dire que je suis
ambitieux. Il faut que je réussisse et...
(*Brusquement, tout de go :*) Qu'est-ce
que vous pouvez me payer ?

KOUBILAÏ. – Ha ! Ma foi, tu vas
découvrir que je suis moi aussi un
homme pratique. Je peux te lancer dans
la carrière que tu voudras. Laquelle
choisis-tu ?

MAFFEO, *s'interposant vivement.* – Si
je pouvais lui dire un mot en
particulier... lui dire mon humble
avis... Il est si jeune... (*En hâte, Maffeo
et Nicolo entraînent Marco jusqu'au
premier plan*). Tu as fait bonne
impression... Dieu sait pourquoi, du
reste !... mais bats le fer pendant qu'il
est chaud, petit serin ! Demande un
poste de Commissaire du
gouvernement de seconde classe.

MARCO, *vexé.* – Non ! Je veux être
Commissaire de première classe, ou
rien du tout !

MAFFEO. – Ne sois pas idiot !
Commissaire de première classe, c'est
un poste purement honorifique et ça
n'offre pas de possibilités. Tandis qu'un
Commissaire de seconde classe voyage,
est entièrement défrayé, noue des
relations d'amitié avec tous les
fournisseurs et, en leur faisant un peu
peur, les force à le mettre dans tous les
coups... ce qui fait qu'il touche sa juste
commission sur tout ! (*D'un air
roublard, en donnant à Marco un coup de
coude dans les côtes :*) Et, en étant
toujours dans le secret, tu pourras en
temps utile nous passer des tuyaux qui

nous permettront de profiter...

MARCO, *légèrement grisé ; avec une assurance bourrue.* – Je ne sais pas. Le Khan a été correct avec moi. Après tout, n'est-ce pas ?... l'honnêteté est la meilleure politique !

MAFFEO *le toise, cinglant.* – On croirait que je te conseille de voler... moi, Maffeo Polo, dont personne ne met en doute les principes !

MARCO, *impressionné.* – Je ne voulais pas dire que...

MAFFEO, *solonnellement.* – Est-ce que tu t'imagines que le Khan est un Néron, et qu'il s'attend à ce que tu vives sur ton salaire ?

MARCO, *indécis.* – Non, je pense que non. (*Regardant soudain Maffeo, avec un clin d'œil roublard :*) Quand je vous donnerai un tuyau, qu'est-ce que je toucherai de Polo Frères ?

MAFFEO, *partagé entre l'admiration et la consternation.* – Ha ! Tu fais vite des progrès, hein ? (*Vivement :*) Eh bien, nous... nous avions déjà pensé à cela... remets-t'en à nous pour veiller sur tes intérêts... et nous avons décidé de te prendre comme associé en second dans la firme, n'est-ce pas, Nick ?... Polo Frères et Fils... ça sonne bien, non ?

Eugene O'Neill,
Marco Millions,
L'Arche, 1964

Le temps des archéologues

Vers la fin du XIXᵉ siècle, l'intérêt pour ce que l'on commence à appeler les routes de la soie et surtout pour les voies d'échanges terrestres de l'Eurasie s'inscrit dans une perspective un peu particulière, liée aux visées politiques et stratégiques de la Russie et de la Grande-Bretagne en Asie centrale.

L'installation de consulats à Kasghar facilite le travail des premières expéditions scientifiques. Elles ont des objectifs autant géographique, zoologique, minéralogique, ethnographique qu'archéologique. Les Anglais et les Russes seront les premiers à se lancer dans l'aventure en 1890. Les missions les plus fructueuses seront celles d'Aurel Stein, Paul Pelliot, Piotr Kozlov, Albert von Le Coq, Sven Hedin ou Tachibana Zuicha. Leurs découvertes renouvelleront considérablement les connaissances que l'on avait de l'Asie centrale.

Paul Pelliot (1878-1945) est le seul sinologue qui ait conduit une mission archéologique dans le Turkestan chinois, au début du XXᵉ siècle. En une seule mission, il fait une moisson extraordinaire. Dans les grottes de Mogao à Dunhuang, il se fait ouvrir la cachette aux manuscrits, découverte quelque temps auparavant et déjà explorée par Aurel Stein. Il choisit, parmi près de cinquante mille manuscrits et fragments divers, les textes les plus intéressants, ceux qui vont renouveler pour une grande part les études historiques sur la Chine.

Partis d'Ouroumtchi en décembre 1907, nous arrivions à Touen-houang, à l'extrême Ouest du Kan-sou, dans les premiers jours de février. Dès notre départ de Paris, Touen-houang avait été fixé comme une des grandes étapes de notre voyage. Par Prjévalskii, Kreitner, Bonin, on savait qu'il y avait là, à 20 kilomètres environ au Sud-Est de la ville, un groupe considérable de grottes, dites Ts'ien-fotong ou Grottes des mille Bouddhas, aménagées à des dates jusque-là peu précises, mais qu'on savait couvertes de peintures murales que l'islam n'avait pas défigurées. Nous nous promettions de consacrer à leur étude, qu'aucun archéologue n'avait encore entreprise, tout le temps que leur importance réclamait. Vous verrez tout à l'heure, par des photographies, que notre attente n'a pas été déçue, et que les grottes de Touen-houang nous ont conservé quelques-uns des plus précieux monuments de l'art chinois bouddhique entre le VIᵉ siècle et le Xᵉ siècle. Mais un autre intérêt s'était en cours de route ajouté à cette visite. A Ouroumtchi, j'avais entendu parler d'une trouvaille de manuscrits qui avait été faite dans les grottes de Touen-houang en 1900. Le maréchal tartare m'en avait touché un mot. Le duc Lan m'avait à son tour remis un manuscrit qui en provenait ; ce manuscrit remontait au moins au VIIIᵉ siècle.

Par des renseignements complémentaires, j'avais pu savoir comment cette découverte avait été faite. Un moine taoïste, le Wang-tao, déblayant une des grandes grottes, avait par hasard ouvert une petite grotte annexe, qu'il avait trouvée bondée de manuscrits. Bien que notre confrère fût passé à Touan-houang peu avant nous, je conservais l'espoir de faire encore une bonne moisson. Aussi, dès notre arrivée à Touen-houang, je me mis en quête du Wang-tao. Il fut facile de le joindre, et il se décida à venir aux grottes. Il m'ouvrit enfin la niche, et brusquement je me trouvai dans une petite grotte qui n'avait pas trois mètres en tout sens, et était, sur deux et trois épaisseurs, bourrée de manuscrits. Il y en avait de toutes sortes, en rouleaux surtout, mais aussi en feuillets, des chinois, des tibétains, des ouigours, des sanscrits. Vous vous imaginez sans peine quelle émotion poignante m'a saisi : j'étais en face de la plus formidable découverte de

Pelliot dans la cachette aux manuscrits, dans les grottes de Mogao à Dunhuang

manuscrits chinois que l'histoire d'Extrême-Orient ait jamais eu à enregistrer. Mais ce n'était pas tout de voir ces manuscrits, et je me demandais avec inquiétude s'il me faudrait me contenter de jeter sur eux un coup d'œil, pour m'en aller ensuite les mains vides, et laisser là ces trésors voués peu à peu à la destruction. Heureusement le Wang-tao était illettré et appartenait à la catégorie des moines bâtisseurs. Pour construire des pagodes, il lui fallait de l'argent. Bien vite, je dus renoncer cependant à tout acquérir : le Wang-tao craignait d'ameuter le pays. Alors, je m'accroupis dans la grotte, et fiévreusement, pendant trois semaines, je fis l'inventaire de la bibliothèque.

Sur les 15 000 rouleaux qui me sont ainsi passés par les mains, je pris tout ce qui, par sa date ou son contenu, offrait un intérêt primordial, un tiers de l'ensemble environ. Dans ce tiers, j'avais mis tous les textes en écriture brahmi ou ouigoure, beaucoup de tibétain, mais surtout du chinois. Il y a là pour la sinologie des richesses inappréciables : beaucoup de bouddhisme sans doute, mais aussi de l'histoire, de la géographie, des philosophes, des classiques, de la littérature proprement dite et encore des actes de toutes sortes, des baux, des comptes, des notes prises au jour le jour. Et tout cela était antérieur au XIᵉ siècle. En l'an 1035, des envahisseurs étaient venus de l'Est, et hâtivement les moines avaient empilé livres et peintures dans une cachette dont ils avaient muré, crépi, orné l'ouverture. Massacrés ou dispersés par les envahisseurs, le souvenir de leur bibliothèque avait péri avec eux, et, retrouvée en 1900 par hasard, une suprême fortune avait fait que pendant huit ans nul érudit n'était passé par là pour examiner ces documents et en reconnaître l'importance. Cette importance, messieurs, je n'exagère pas en disant qu'elle est pour nous capitale. Les anciens manuscrits chinois étaient très rares en Chine, et il n'y en avait aucun en Europe. De plus, nous ne pouvions travailler que sur des livres, jamais sur des documents qui n'eussent pas été expressément rédigés en vue de la publicité. Pour la première fois, les sinologues pourront, à l'imitation des historiens de l'Europe, travailler sur des archives. Enfin, dans cette grotte, il y avait autre chose : des peintures sur soie et sur chanvre, contemporaines des manuscrits, et qui vont se placer en tête de la série jusque-là assez pauvre que possédait le Louvre, enfin quelques imprimés, des imprimés xylographiques du Xᵉ et même du VIIIᵉ siècle, antérieurs à Gutenberg de cinq à sept siècles, les premiers imprimés qui soient connus dans le monde.

Paul Pelliot,
Trois Ans dans la Haute Asie,
1959

Les expéditions allemandes envoyées au Turkestan chinois entre 1902 et 1914, sous la conduite d'Albert von Le Coq et d'Albert Grünwedel, concentrent leurs recherches sur la région de Turfan, et en particulier les grottes des «mille bouddhas» de Bezeklik, et sur la ville morte de Karakhoja. Des multiples peintures et sculptures qui sont rapportées à Berlin, une partie devait disparaître sous les bombardements durant la Seconde Guerre mondiale.

A peu près dans le centre de la ville, nous avons rencontré une quantité de ruines que je décrirais comme un système de trois énormes pièces rectangulaires, entourées d'appartements voûtés. C'est le groupe K du plan de Grünwedel. Sur la muraille occidentale de la salle septentrionale, se trouvait caché, derrière un mur plus récent, le portrait d'un ecclésiastique manichéen, revêtu de ses robes sacerdotales et entouré de son clergé habillé de blanc. Malheureusement la peinture, qui est en couleur à l'eau, a beaucoup souffert avec le temps. Des inscriptions en caractères ouigoures et manichéens, tracées sur la poitrine des religieux inférieurs, nous en donnent les noms iraniens ; ces portraits sont beaucoup plus petits que celui du grand prêtre, que nous croyons être une représentation de Manès lui-même, l'auréole étant composée du soleil entouré de la lune. C'est la seule grande peinture murale manichéenne qui ait été trouvée, et, par suite, quoique en très mauvais état, elle est peut-être la pièce la plus intéressante de ma collection.

Nous concluons de ces trouvailles que, dans cette ancienne capitale des Ouigours, des ecclésiastiques bouddhistes, manichéens et chrétiens vivaient paisiblement ensemble, ce qui démontre la force et la tolérance du gouvernement.

Les Manichéens jouissaient peut-être de la plus grande considération, car nous savons que la maison princière avait adopté cette croyance.

Les Chinois ont toujours été opposés à la propagande, dans leurs pays, des religions étrangères, pour des raisons politiques et économiques, et je crois que, vers la fin de l'époque des T'ang, ils ont essayé de se débarrasser aussi des sectes qui leur déplaisaient à Kao-tch'ang. Nous avons retrouvé des traces de ces persécutions, car l'un des

grands appartements à coupole détruite du groupe K était rempli de cadavres momifiés, encore revêtus de leurs robes et entassés dans le désordre le plus effroyable. La rage des destructeurs se tourna surtout, paraît-il, contre les Bouddhistes, car tandis que nous avons rencontré en cet endroit quelques manuscrits manichéens en assez bon état, les textes bouddhiques avaient été déchirés en tout petits morceaux, dont on aurait pu emporter des centaines de kilogrammes, tant ces débris étaient nombreux.

Nous avons trouvé cependant à Kao-tch'ang des statuettes

bouddhiques en bronze et en bois, des peintures votives, manichéennes et bouddhiques, des têtes de Bodhisattva en argile, des bases de colonnes sculptées en bois, des fragments de boiseries dans le style du Gandhâra, des pièces de monnaies chinoises (surtout de la période K'ai-yuan) et des monnaies iraniennes et inconnues ; puis encore des souliers et des bonnets, des étoffes de tous genres et de la poterie. Nous y avons pris aussi quelques peintures murales. Tout compte fait, les résultats des fouilles de Kao-tch'ang ont donc été assez maigres, si l'on considère que nous avons travaillé de cinq heures du matin à six heures du soir, pendant une période de trois mois.

Albert von Le Coq,
Exploration archéologique à Turfan,
Editions Ernest Leroux, 1910

Aurel Stein (1862-1943) conduit quatre expéditions importantes en Asie centrale. Lors de son premier voyage en 1900-1901, il fouille la région de Khotan. On y avait trouvé plusieurs manuscrits en chinois et en sanscrit, mais les chasseurs de trésor avaient « découvert » des textes dans des langues inconnues et des écritures indéchiffrées que l'on s'empressa d'étudier. Aurel Stein révéla que ces manuscrits étaient faux.

La défense d'Akhoun s'effondra rapidement. Sa première tentative de repli consista à admettre qu'il avait vu trois hommes fabriquer de vieux livres dans un sanctuaire désaffecté, et pour le compte desquels il les vendait. Mais, comprenant alors que ses mensonges précédents avaient déjà persuadé Stein de sa culpabilité, il en dit un peu plus, puis finit par tout avouer. Il lui dit que jusqu'en 1894 il n'avait négocié que

des monnaies, des sceaux et des antiquités qu'il avait achetés dans des villages autour de Khotan. C'est à ce moment-là qu'il apprit par des marchands afghans que les sahibs achetaient très cher les livres anciens que Turdi et ses compagnons avaient exhumés à Dandan-uilik. Il décida alors de participer à ces transactions.

« Toutefois », écrivit Stein, « l'idée de se rendre dans ces sites du désert si désolés avec la certitude d'avoir à faire face à de rudes épreuves et seulement une chance minime de découvrir quelque chose n'avait rien de séduisant pour une personne aussi intelligente et habile qu'Islam Akhoun ». C'est ainsi que l'idée lui vint d'écrire ses propres manuscrits anciens.

Bientôt, dans leur petit atelier, Islam Akhoun et ses associés produisirent régulièrement ce genre de documents. Leurs meilleurs clients étaient en fait deux rivaux : Macartney et Petrovsky.

Tous deux étaient des acheteurs passionnés ; et plus particulièrement le premier, qui suivait les instructions de Calcutta données aux représentants britanniques en Asie centrale leur demandant expressément d'acquérir des antiquités. Ainsi, pendant qu'Islam Akhoun prenait soin de l'Anglais, son partenaire Ibrahim Mullah approvisionnait le Russe. Ibrahim possédait quelques vagues notions de russe, que l'on aurait pu déceler (si l'on avait pu faire preuve d'une prudence rétrospective) grâce à la forme de certains de ces « caractères inconnus » issus de cette alliance peu orthodoxe. Les érudits avaient effectivement remarqué cette ressemblance, mais avaient supposé que ces caractères proches du cyrillique étaient dérivés du grec ancien. Stein aurait aimé confronter Ibrahim Mullah avec Akhoun, mais le premier avait opportunément disparu de Khotan dès qu'il avait appris l'arrestation de son associé.

Le premier manuscrit falsifié avait été fabriqué et vendu en 1895. Akhoun confia à Stein qu'il avait tout d'abord essayé d'imiter l'écriture cursive brahmi d'après le modèle de manuscrits authentiques provenant de Dandan-uilik. Akhoun et ses acolytes y réussirent totalement, car nombre de ces « textes » avaient trouvé leur place dans les collections des plus grands musées d'Europe, et les érudits demeuraient toujours perplexes devant ces caractères. La fabrique prospérait et les associés devinrent plus sûrs d'eux-mêmes. Stein écrit dans *les Ruines de Khotan ensevelies sous le sable (Sand-Buried Ruins of Khotan)* : « Islam Akhoun s'aperçut rapidement que ses livres trouvaient immédiatement acquéreur, alors qu'aucun des

Européens qui les achetaient ne pouvait en déchiffrer les caractères de la langue, ni les différencier de ceux des manuscrits anciens. Il devenait inutile de s'efforcer d'imiter des caractères authentiques. » Chacun des associés donna donc libre cours à son imagination pour inventer sa propre langue inconnue. Stein ajoute : « Cela explique l'étonnante diversité de ces écritures bizarres ; l'analyse des textes de la collection britannique prouva qu'il y avait, à un moment donné, au moins une douzaine d'écritures, ce qui n'était pas pour faciliter la tâche des orientalistes qui tentaient de les déchiffrer. »

Akhoun et ses associés s'aperçurent bien vite qu'ils ne pouvaient plus faire face à la demande, étant donné le temps et le soin qu'il fallait pour fabriquer ces faux. Ils décidèrent donc d'accroître leur production en utilisant la seule technologie dont ils disposaient : la xylographie. En 1896, ils fabriquèrent leur premier livre imprimé selon cette technique. Ils réussirent si bien que quarante-cinq livres xylographiques furent minutieusement décrits et illustrés par le Pr Hoernle dans son article d'érudition publié en 1899. Stein écrit : « Ces livres présentaient également une extraordinaire diversité d'écritures dans l'agencement des différentes combinaisons graphiques qui revenaient périodiquement ; ils étaient en outre de taille et de volume assez imposants. »

Lorsque la défense se fut effondrée, Islam Akhoun révéla à Stein tout ce qu'il voulait savoir sur les activités de cette étrange petite fabrique, perdue dans cet endroit si reculé de la Chine, et qui avait réussi à duper si longtemps Hoernle et ses collègues. « En fait », écrit Stein, « il sembla prendre plaisir à l'intérêt que je leur portais ». Il lui révéla qu'ils avaient utilisé un papier acheté dans la région. Celui-ci était ensuite coloré en jaune ou en brun clair avec du *toghruga*, une teinture obtenue à partir d'un arbre local. Après y avoir appliqué les caractères, soit à la main, soit en utilisant les matrices d'impression sur bois, ils plaçaient ces pages au-dessus d'un feu « afin que, grâce à la fumée, elles reçoivent la véritable teinte de l'ancien ». Cela n'était parfois pas fait très soigneusement, car Stein avait remarqué que certains livres de collection de Calcutta portaient de légères traces de brûlure. Cependant, même ces indices n'avaient pas réussi à éveiller les soupçons de Hoernle. De même, la façon dont les pages étaient reliées aurait dû contribuer à démasquer les faussaires, et à mettre en doute l'authenticité des textes. Car leur reliure imitait grossièrement celles des ouvrages européens ; surtout celle des prétendues « dernières découvertes ». En réalité, même cette anomalie ne parvint pas à persuader Macartney, Petrovsky, Hoernle et leurs collègues qu'on les trompait. Enfin, ces faux, avant d'être emportés à Kashgar et proposés à leurs acquéreurs naïfs, étaient soigneusement recouverts de sable fin provenant du Taklamakan de manière à faire croire qu'ils venaient tout droit d'un site enseveli sous les dunes. « Je me souviens bien ». raconte Stein, « qu'au printemps 1898, avant de pouvoir examiner l'un de ces faux " livres xylographiques ", qui était parvenu chez un collectionneur du Cachemire, j'ai dû le frotter avec une brosse à habits ».

Peter Hopkirk,
Bouddhas et rôdeurs sur la route de la soie,
Arthaud, 1981

*Langdon Warner, l'Américain, est l'un
des derniers à organiser une expédition
au Turkestan. En 1923, il arrive trop tard :
l'appauvrissement des sites, après un va-
et-vient depuis près de trente ans, et la
situation politique l'empêchent d'obtenir
un véritable succès. Dans les grottes
de Dunhuang, il se résout à prélever
quelques peintures murales qu'il
rapportera aux États-Unis.*

Si ma première réaction fut une colère aveugle contre les rustres soldats qui, dans leur isolement, avaient dérisoirement griffonné leurs noms et leurs numéros de régiment sur les trésors uniques de la Chine ancienne – les seuls qui nous soient restés après la débâcle des siècles –, je compris bientôt qu'ils ne s'étaient pas du tout rendu compte de ce qu'ils faisaient. [...] Il ne restait qu'à examiner attentivement ce qu'ils avaient laissé et à remercier Dieu que tant de fragments inestimables n'aient pas été abîmés.

Il faut, c'est indéniable, mettre en sûreté certains échantillons de ces peintures pour les étudier au calme et, plus encore, pour les garder d'autres actes de vandalisme. J'avais ressassé cette question dans ma tête des mois durant. Les Allemands et les Anglais avaient attaqué les murs en torchis peints à fresque par l'arrière, ce qui leur avait permis de découper et de conserver d'importantes parties de surface décorée. Mais les grottes creusées dans les entrailles mêmes des falaises de pierre présentaient beaucoup plus de difficultés.

Un mélange de boue et de paille (adobe), d'une épaisseur de 1,25 cm à 5 cm, avait été barbouillé sur la surface grossière du rocher brut, puis une fine couche de badigeon blanc étalée par-dessus à la brosse, et les peintures furent alors exécutées en aquarelle ordinaire sur ce support. [...] Un scrupule élémentaire m'empêchait d'expérimenter [la technique des experts du musée de Harvard, NdT] sur les chefs-d'œuvre les plus importants, mais en même temps j'étais tenté de choisir un détail typique pour le cas où le procédé réussirait.

Avant de quitter Pékin, je m'étais procuré une provision d'un fixatif conseillé par les chimistes pour consolider l'ancien pigment, à présent aussi poudreux et friable que de la poussière de craie sur un tableau noir. J'avais également emporté les ingrédients nécessaires à la confection d'un enduit soluble que l'on applique sur la peinture quand la couleur est jugée stable.

Comme je ne suis ni chimiste ni restaurateur de peintures expérimenté – rien qu'une personne ordinaire douée d'une vive conscience archéologique –, ce que j'étais sur le point de faire me semblait à la fois sacrilège et impossible. Mais je fus aiguillonné par l'attitude de trois Mongols à jambes torses qui se laissèrent glisser de leurs chameaux devant les grottes et s'y introduisirent pesamment afin de les admirer, bouche bée, et de faire leurs dévotions. Ils prièrent avec respect un personnage d'argile moderne hideux, aux joues couleur magenta et aux cheveux d'un bleu vif mais, lorsqu'ils se relevèrent et commencèrent à parler ensemble, l'un d'entre eux posa sa paume graisseuse sur une peinture murale du IXᵉ siècle et s'y appuya de tout son poids en bavardant. Un autre flânait le long du mur peint et, par curiosité et désœuvrement, tapotait de l'ongle la peinture écaillée. Lorsqu'ils repassèrent par l'étroit passage d'entrée, leurs viles peaux de mouton frottèrent une rangée de personnages sacrés qui l'encadraient et qui, hélas, n'avaient plus de taille – effacée par le frottement séculaire de centaines d'autres épaules et coudes vêtus de peaux de mouton...

C'en était assez. Toutes les expériences que je pouvais entreprendre – avec vénération – étaient justifiées. L'humeur maussade, je commençai d'appliquer le liquide incolore que m'avait donné un chimiste de Pékin pour fixer les pigments effrités, puis l'enduit chaud, semblable à de la colle, sur la peinture elle-même. Mais des difficultés inattendues survinrent à ce moment. La température dans les grottes étant inférieure à zéro, j'étais loin d'être sûr que mon produit avait pénétré le mur de plâtre avant de geler et, d'autre part, l'espèce de gelée bouillante était presque impossible à étaler sur cette surface verticale avant de durcir. Wang et le coolie entretenaient vaillamment le brasero au-dessus duquel chauffait mon produit, tandis que je m'arrangeais pour l'appliquer, tout en prenant les grumeaux brûlants comme

de la mélasse chaude sur mon visage renversé, le dessus de ma tête et mes vêtements, me collant ainsi les doigts en masse gélatineuse juste au moment où j'avais besoin de toute la prestesse et la minutie dont j'étais capable. Les essais réalisés sur des surfaces non peintes ou irrémédiablement abîmées n'avaient réussi à me convaincre ni positivement, ni négativement. Je devais poursuivre, sur une vraie peinture cette fois, la transporter à Cambridge, et laisser mes amis du Fogg Museum la délivrer de son enduit dur – si toutefois c'était faisable.

Langdon Warner,
The Long Old Road in China,
Double Day, Page and Co, 1926
Traduit par Marianne Bonneau

Routes de la soie, routes du dialogue

Un programme grandiose : après Aboul Simbel et le sauvetage de Borobudur, l'Unesco s'est engagé sur un nouveau thème mondial d'études non moins prestigieux : les Routes de la soie.

Le nouveau programme de l'Unesco

Projet grandiose consistant à parcourir et à étudier durant cinq années ces voies terrestres et maritimes qui, pendant plus de 1 500 ans, ont joué le rôle de gigantesques artères reliant l'Orient à l'Occident. Voies de commerce, certes, mais surtout voies d'échanges et de communications d'idées, de cultures et de religions qui ont fécondé l'histoire. Tel est bien ce qui motive et sensibilise l'Unesco en cette fin de millénaire : ouvrir la communication, l'échange entre les peuples, l'union de l'Orient et de l'Occident.

Une première réunion (30 novembre - 2 décembre 1987),

groupant des savants représentant la Russie, la Chine, la Hongrie, le Pakistan, l'Iran, l'Inde, la France, le Japon, l'Angleterre, l'Égypte, vient de se tenir à Paris pour définir concrètement les grandes lignes de ce projet. Le but est, pour la première fois au monde, d'étudier à fond et de parcourir réellement les deux grands axes de la soie, les voies terrestres et les voies maritimes ; près de mille savants seront associés à ce projet qui a réuni l'adhésion unanime de trente-six pays.

Chacune des principales nations concernées par la Route de la soie organisera donc un ou plusieurs séminaires [...] qui auront lieu dans les principaux pays concernés : à Leningrad (Musée de l'Ermitage),

Alexandrie, Venise, Ashkhabad, Istanbul, Urumtsi, Xian, Taxila.

Mais ce sont surtout les voyages qui constitueront à eux seuls un programme fascinant. Le Pakistan, en la personne du professeur Ahmad Hasan Dani, propose déjà pour août et septembre 1988 la route dite le Sino-Pak Highway. Les principaux sites du Pakistan (Chilas, le pays Hunza, Indus-Gilgit) et de la Chine (Kashgard, Assu, Kuchi, Urumutsi, etc.) seront visités. En 1989, le prestigieux Musée de l'Ermitage à Leningrad sera le point de départ pour un voyage de l'Europe du Nord à la Chine, *via* les steppes d'Asie centrale. En 1990, l'étude de la route maritime partira de Venise, la ville de Marco Polo. L'itinéraire par la mer joindra Alexandrie, Mascat à Oman, Karachi, Colombo, Palembang à Sumatra, Canton, et enfin Osaka, point de départ des missions japonaises en Chine au VIIIe siècle. En 1991, le dernier voyage d'Istanbul à Xien comprendra la traversée de la Syrie, de l'Irak et de l'Iran.

Cinq ans donc pour rêver, voyager et travailler à ces Routes de la soie. Le tout se conclura à Paris, en 1992, à l'occasion d'une grande conférence et d'une exposition internationale.

Dans son ensemble, le budget de l'opération s'élèvera à plus de trois millions de dollars, et sera à la fois fourni par les contributions des États membres et par le secteur privé (sociétés maritimes, compagnies aériennes, constructeurs de voitures) qui sera invité à s'associer à cette grandiose aventure de recherche et de voyage sans précédent dans les annales de l'Unesco.

Michel Randon,
Le Figaro,
17 décembre 1987

Europe	Orient, Egypte, Perse	Asie Centrale
	– 330 327 Campagne d'Alexandre le Grand en Iran	– 174 Les Grands Yuezhi ou Indo-Scythes quittent la Chine occidentale pour l'Asie centrale
v. – 270 Rome maîtrise l'Italie		
v. – 50 Apparition de la soie à Rome	– 150 224 Dynastie parthe arsacide	
	– 124 91 Règne de Mithridate II ; accroissement de l'empire parthe jusqu'à l'Euphrate et en Arménie	– 165 Les Yuezhi s'installent en Bactriane
		– 140 126 Voyages de Zhang Qian chez les Yuezhi de Bactriane et les Wusun de la vallée de l'Ili
	– 100 « Découverte » du vent hippale	
	– 64 Conquête de la Syrie par les Romains	– 104 Campagnes de Li Guangli
16 1er décret du Sénat contre le port de la soie	53 Bataille de Carrhes	48 Invasion des Yuezhi dans l'Uzbekistan
v. 70 *Périple de la Mer Erythrée*	97 Voyage de Gan Ying, envoyé chinois, jusqu'au golfe Persique	50 Les Kushâns au Gandhâra dans le territoire situé entre l'Amou-Daria et le Syr-Daria
140 Géographie de Ptolémée	115 117 Guerre entre les Romains et les Parthes	
162 180 Règne de Marc Aurèle		1 63 L'Empire parthe contrôle les voies commerciales de l'Occident vers les Indes et l'Extrême-Orient
	224 Fin de l'Empire parthe	
	224 226 Ardachir, premier empereur sassanide	
	242 Début de la prédication de Mani	241 251 Sanctuaire de Miran
	270 Zénobie, reine de Palmyre	
313 Le christianisme devient religion d'Etat	325 Concile de Nicée qui condamne les partisans d'Arius	
	330 Constantinople, capitale de l'Empire	
395 Invasion des Huns qui franchissent la Volga et le Don	v. 350 Création de l'industrie textile de l'Empire sassanide	381 Les royaumes d'Asie centrale continuent à envoyer un tribut en Chine
434 Avènement d'Attila	431 Concile d'Ephèse qui condamne le nestorianisme	
476 Fin de l'Empire romain d'Occident		
	484 Diffusion du nestorianisme en Asie	v. 550 Le secret de la soie est diffusé dans le royaume de Khotan
	527 565 Règne de Justinien	v. 563 Grottes de Bâmyân
	622 Fuite (hégire) de Mahomet à Médine	567 Voyage du Sogdien Maniakh à la cour de Justin II

Inde, Asie du Sud-Est		Chine	
− 327 325	Campagne d'Alexandre en Inde	− 221 210	Règne du Premier Empereur, Qin Shi Huangdi
		− 220	Reconstruction et prolongation de la Grande Muraille
		− 206 8	Dynastie des Han occidentaux
		− 182	Incursions répétées des Xiongnu en Chine du Nord
		− 141 87	Règne de l'Empereur Wu des Han
		− 100	Les royaumes d'Asie centrale portent tribut à la cour de Chine
		25 220	Dynastie des Han orientaux
		65	Première mention d'une communauté bouddhique
		58 75	L'empereur Ming envoie une ambassade chinoise aux Indes
v. 50	Royaumes hindouisés du Funan au Sud-Cambodge et au Vietnam	73 97	Conquête chinoise dans la région de Turfân
100	Ambassade indienne vers Rome	87	Ambassade parthe en Chine
120	Ambassade indienne auprès d'Hadrien	120	Ambassade en Chine du royaume Shan de Birmanie
v. 150	Médailles d'Antonin le Pieux à Oc'eo (Vietnam)	166	Marchands « romains » en Chine
v. 157	Monnaies romaines à Madras	166	Première mention de cérémonies bouddhiques à la cour de Chine
225	Empire du Funan en Indochine	220 280	Les Trois Royaumes
		226	Arrivée d'un marchand du Da Qin en Chine
		265 316	Règne des Jin occidentaux
		284 287	Ambassadeurs de l'Orient romain, du Linyi (Champa) et du Funan à Luoyang
		317 420	Dynastie des Jin orientaux en Chine
		366	Début de l'aménagement des grottes de Mogao près de Dunhuang
		386 534	Dynastie des Wei du Nord dans le Shanxi
399 412	Pèlerinage du moine chinois Faxian aux Indes	v. 516 519	Introduction du mazdéisme
475 534	Invasion du nord de l'Inde par les Hephtalites	552	Introduction du bouddhisme au Japon
518	Voyage du Chinois Song Yun aux Indes	581 617	Dynastie des Sui en Chine

Europe		Orient, Egypte, Perse		Asie centrale	
		622	Hégire	629 645	Voyage de Xuanzang en Asie centrale et aux Indes
		632	Mort de Mahomet		
		634 642	Les Arabes font la conquête de la Syrie du Nord, de l'Inde et de l'Egypte		
		642	Les Sassanides vaincus par les Arabes à Nevahend		
697	Election du premier doge de Venise	661 750	Les Omayyades en Orient	652	Conquête de la Bactriane par les Arabes
752	Rupture religieuse entre Rome et Byzance	717	Siège de Constantinople par les Arabes		
		750 1258	Califat des Abbâssides, descendants d'Abbâs, oncle de Mahomet	751	Victoire des Arabes sur les Chinois à Talas, au sud du lac Balkhash
		762	Fondation de Baghdâd par al-Mansûr	763 821	Guerre sino-tibétaine
				v. 780	Manichéisme chez les
				789	Turcs ouïgours
800	Couronnement de Charlemagne	833 892	Samârrâ, nouvelle capitale abbâsside. L'unité de l'Empire n'est plus préservée		
858	Fondation de Vézelay	851	Rédaction de la *Relation de la Chine et de l'Inde*	851	Les Tibétains sont chassés de Dunhuang par les Chinois qui redeviennent maîtres du Gansu
				868	Sûtra bouddhique, premier livre xylographié connu découvert à Dunhuang
921	Voyage d'ibn Fadlan de Baghdâd à l'embouchure de la Volga	v. 910	Abou Zaid de Siraf continue la *Relation de la Chine et de l'Inde*	916	Difficulté pour emprunter les routes d'Asie centrale occupées par les Tibétains et les Arabes
		v. 950	Rédaction des *Mille et une Nuits*		
				960	Les Turcs karakhanides dans la région de Kâshgar se convertissent à l'islam
				966 976	Dernier grand pèlerinage des Chinois aux Indes par les oasis d'Asie centrale qui ont retrouvé leur activité

Inde, Sud-Est asiatique		Chine, Corée, Japon	
606 647	Régression du bouddhisme aux Indes	618 907	Dynastie des Tang en Chine
		v. 635	L'Evangile introduit en Chine par les nestoriens
651	Le moine Yuanzhao se rend en Inde par le Tibet	674	Pérôz, dernier roi sassanide, réfugié à Chang'an
671 695	Voyage du moine chinois Yijing aux Indes	694	Le culte manichéen est autorisé en Chine
		710 794	Epoque de Nara au Japon
		757 763	Rébellion d'An Lushan en Chine
		758	Pillage de Canton par les Arabes
		781	Stèle nestorienne en syriaque et en chinois à Chang'an
		785 805	Compilation du géographe Jia Dan sur les itinéraires entre Canton et le golfe Persique
730 1273	Les musulmans pénètrent en Inde		
v. 750	Développement du commerce maritime entre l'Inde et Canton	794	Période Heian (Kyoto) au Japon
		v. 815	Voyage d'Ibn Wăhab en Chine
802 850	Jayavaman II crée l'Empire khmer	838-847	Voyage du Japonais Ennin en Chine
849	Fondation du royaume de Pagan	845	Mesures prises contre le bouddhisme en Chine
		879	Sac de Canton par Huang Chao
		907 960	Période des Cinq Dynasties en Chine
		955	Nouvelles prescriptions des Zhou du Nord contre le bouddhisme en Chine
		916 1125	Dynasties des Liao à Pékin
		960 1127	Dynastie des Song du Nord en Chine

Europe		Orient, Egypte		Perse, Asie centrale	
1031	Fin des Omayyades en Espagne	1009	Destruction du Saint-Sépulcre par al-Hakîm	1040 1090	Conquêtes des Saljûqides, du Turkestan à la mer Égée
1096 1099	Première croisade	1098	Prise d'Antioche et de Jérusalem par les croisés		
1102	Comptoirs vénitiens à Tyr et à Sidon			1128 1133	Royaume sinisé des Karakitan dans le sud du Balkhash, le Kâshgar et Samarkand. Présence des bouddhistes et des nestoriens
1165	Lettre apocryphe du Prêtre Jean	1100	Création du royaume latin d'Orient de Jérusalem, de la principauté d'Antioche, du comté d'Edesse et de Tripoli		
1226 1270	Règne de Saint Louis				
1260 1269	Premier voyage des Polo	v. 1100 1166	Idrîsî, géographe arabe	1206	Temujin, maître de la Mongolie, se fait proclamer Gengis Khan
1270	Huitième croisade. Mort de Saint Louis	1144	Conquête de l'Egypte par Saladin, sultan ayyûbide		
1271 1272	Neuvième croisade	1187	Reconquête de Jérusalem par Saladin	1221	Gengis Khan s'empare du Khorezm, du Turkestan, de la Perse. Pillage de Samarkand, Merv, Hérat
1271 1295	Deuxième voyage des Polo	1192	Traité entre Saladin et les croisés	1227	Mort de Gengis Khan. Partage de l'Empire
v. 1285	Le moine nestorien Rabban Sauma visite l'Italie et la France	1204	Pillage de Constantinople par les croisés	1245 1247	Ambassade de Jean de Plan Carpin chez les Mongols
1298	Le *Livre des Merveilles*	1291	Fin du royaume latin d'Orient	1251 1265	Hûlagû, petit-fils de Gengis Khan
1337 1433	Guerre de Cent Ans	1314 1377	Ibn Battuta, voyageur de l'islam	1253 1255	Ambassade de Guillaume de Rubrouck chez les Mongols
1371	Rédaction des *Voyages* de Jean de Mandeville			1369 1499	La Transoxiane conquise par Tamerlan. Samarkand capitale
1427	Les Portugais aux Açores	1453	Prise de Constantinople par les Turcs		
1487 1488	Dias franchit le cap de Bonne-Espérance	1461	Prise de Trébizonde par les Turcs. Fin de l'Empire byzantin	1501	Ismâ-îl, chef des shiites safavides, prend le titre de Shâh de Perse
1492	Départ de Christophe Colomb				
1498	Vasco de Gama à Calicut	1517	Prise du Caire par les Turcs		
1534	Création de l'ordre des Jésuites				
1537 1557	*Pérégrination* de Fernao Mendes Pinto				
1890	Premières expéditions archéologiques au Turkestan chinois				

Inde, Asie du Sud-Est		Chine, Corée, Japon	
1021	Le sultan turc Mahmûd de Ghaznî envahit le Cachemire et le Pendjab	1004	Paix entre les Song et les Kitaï en Chine. Les Song doivent verser un tribut annuel en soieries et en argent
		1090	Usage de la boussole marine
		1127	Les Song se réfugient au sud de Yangzi
		1132	Hangzhou devient la capitale des Song du Sud en Chine
1112 1152	Construction d'Anghor-Vat	1215	Prise de Pékin par Gengis Khan
		1225	*Description des peuples barbares* par Zhao Rugua
		1233	Ogodei s'empare de Kaifeng
		1260	Qûbilai sur le trône mongol
1293	Les Javanais repoussent une invasion mongole. Colonies de commerçants chinois dans l'île	1271 1368	Dynastie des Yuan en Chine
		1276	Qûbilai, empereur de Chine
1318 1330	Voyage d'Oderie de Pordenone aux Indes en Chine	1293 1330	Jean de Montecorvino fonde une communauté chrétienne à Khanbalik
		1342	Arrivée en Chine de Jean de Marignolli
1398 1399	Tamerlan envahit le Pendjab	1368 1398	Hongwu fonde la dynastie des Ming
1497 1499	Vasco de Gama aux Indes	1405 1433	Les sept expéditions maritimes de Zhenghe vers l'Asie du Sud-Est et l'Afrique
1510	Les Portugais à Goa	1419 1423	Ambassade de Ghiyath ed-Din en Chine
1511	Albuquerque s'empare de Malacca	1517 1524	Ambassade tragique de Tome Pires en Chine
1521	Magellan aux Philippines	1549	François Xavier au Japon
		1553	Les Portugais à Macao
		1601 1610	Matteo Ricci à Pékin
		1602 1607	Voyage du jésuite Bento de Goes

BIBLIOGRAPHIE

Ouvrages généraux

Cécile Beurdeley, *Sur les routes de la soie*, Paris, Editions Olizanne, 1986.

Luce Boulnois, *la Route de la soie*, Paris, Arthaud, 1963 (rééd., 1987).

Jean-Pierre Drège, *la Route de la soie, paysages et légendes*, Lausanne, Bibliothèque des Arts, 1986.

Richard Henning, *Terrae incognitae*, 4 vol., Leyde, 1953.

Michel Mollat, *les Explorateurs du XIIIe au XVe siècle*, Paris, J.C. Lattès, 1984.

Jean-Paul Roux, *les Explorateurs au Moyen Age*, Paris, Fayard, 1984.

P. Sykes, *A la recherche du Cathay*, Paris, Payot, 1958.

J.E. Vollmer, E.J. Keall, E. Nagai-Berthrong, *Silk Roads-China Ships*, Toronto, 1983.

Textes et récits de voyageurs

Ahbâr as-Sîn wa-l-Hind, *Relations de la Chine et de l'Inde*, rédigé en 851, trad. par Jean Sauvaget, Paris, Les Belles Lettres, 1948.

Chau Ju-kua (Zhao Rugua), *His Work on the Chinese and Arab Trade in the Twelfth and Thirteenth Centuries, entitled Chu-fan-chi (Zhufan ji)*, by Friedrich Hirth and W.W. Rockhill, Saint Petersbourg, 1911.

Fa-Hian (Faxian), *Foe koue ki ou Relation des royaumes bouddhiques*, trad. par Abel Rémusat, Paris, 1836.

Gabriel Ferrand, *Relations de voyages et textes géographiques arabes, persans et turcs relatifs à l'Extrême-Orient du VIIIe au XVIIIe siècle*, 2 vol. Paris, 1913-1914.

Hoei-Li et Yen-Thsong (Huili et Yanzong), *Histoire de la vie de Hiouen-thsang (Xuanzang) et de ses voyages dans l'Inde*, trad. par Stanislas Julien, Paris, 1853.

I-Tsing (Yijing), *Mémoire composé à l'époque de la grande dynastie T'ang sur les religieux éminents qui allèrent chercher la Loi dans les pays d'Occident*, trad. par Edouard Chavannes, Paris, 1894.

Ibn Battuta, *Voyages*, trad. de C. Defremy et B. R. Sanguinetti, rééd., 3 vol., Paris, F. Maspero, 1982.

Jean de Mandeville, *Mandeville's Travels*, Londres, 1953.

les Pays d'Occident d'après le Heou Han chou, trad. d'Edouard Chavannes, dans T'oung Pao 8 vol., 1907.

Ouvrages sur des thèmes particuliers

Louis Audemard, *les Jonques chinoises*, 4 vol. Rotterdam, 1957.

Henri Bernard, *le Frère Bento de Goes chez les musulmans de la Haute Asie (1603-1607)*, Tientsin, 1934.

René de Berval, éd., *Présence du bouddhisme*, Paris, Gallimard, 1988.

Jack Dabbs, *History of the Discovery and Exploration of Chinese Turkestan*, La Haye, 1963.

Paul Demiéville, *Choix d'études bouddhiques*, Leyde, E. J. Brill, 1973.

Jacques Heers, *Marco Polo*, Paris, Fayard, 1983.

F. Hirth, *China and the Roman Orient*, Leipzig, Münich, G. Hirth, 1885.

Peter Hopkirk, *Bouddhas et rôdeurs sur la route de la soie*, Paris, Arthaud, 1981.

Albert Kammerer, *la Découverte de la Chine par les Portugais au XVIe siècle et la cartographie des Portulans*, Leyde, E.J. Brill, 1944.

Fernao Mendes Pinto, *la Pérégrination : la Chine et le Japon vus par un Portugais*, Paris, Calmann-Lévy, 1968.

Jean de Plan Carpin, *Histoire des Mongols*, trad. du Père Clément Schmitt, Paris, Ed. Franciscaines, 1961.

Pline l'Ancien, *Histoire naturelle*, livre VI, trad. J. André et J. Filliozat, Paris, Les Belles Lettres, 1980.

Marco Polo, *la Description du monde*, éd. par Louis Hambis, Paris, Klincksieck, 1955.

Odoric de Pordenone, *les Voyages en Asie au XIVe siècle du bienheureux frère O. de Pordenone*, présenté par Henri Cordier, Paris, E. Leroux, 1891.

Matthieu Ricci, Nicolas Trigault, *Histoire de l'expédition chrétienne au Royaume de la Chine, 1582-1610*, Paris, Desclée De Brouwer, 1978.

Guillaume de Rubrouck, *Voyage dans l'empire mongol*, trad. par Claude et René Kappler, Paris, Payot, 1985.

The Periplus of the Erythraean Sea by an Unknown Author, transl. by G.W.B. Huntingford, Londres, The Hakluyt Society, 1980.

Aly Mazaheri, *la Route de la soie*, Paris, Papyrus, 1983.

André Miquel, *la Géographie humaine du monde musulman jusqu'au milieu du XIe siècle*, vol. 1 et 2, Paris, La Haye, Mouton, 1967-1975.

Paul Pelliot, *Notes on Marco Polo*, 3 vol., Paris, 1959-1973.

Paul Pelliot, *Recherches sur les chrétiens d'Asie centrale et d'Extrême-Orient*, 2 vol. Paris, Fondation Singer-Polignac, 1973-1984.

Jean Richard, *la Papauté et les missions d'Orient au Moyen Age*, Ecole française de Rome, 1977.

Aurel Stein, *On Ancient Central Asian Tracks*, Londres, MacMillan, 1933.

Aurel Stein, *Ruins of Desert Cathay*, 2 vol., Londres, MacMillan, 1912.

Aurel Stein, *Serindia*, 4 vol., Oxford, Clarendon Press, 1921.

Erik Zürcher, *The Buddhist Conquest of China*, 2 vol., Leyde, E. J. Brill, 1959.

TABLE DES ILLUSTRATIONS

INDEX

CRÉDITS PHOTOGRAPHIQUES

Archiv für Kunst, Berlin 83, 90h, 90b, 172-173, 175, 177, 179. Bibl. nat., Paris 1-9, 15h, 20, 32-33, 43, 44b, 45, 46, 48, 49, 51h, 51b, 54h, 54b, 55h, 65, 66, 69h, 71h, 73, 74b, 76, 79b, 80, 81, 82h, 99, 110, 118, 119. British Museum, Londres 36h. British library, Londres 107. Bulloz, Paris 21b, 44h. Charmet, Paris 37, 55b, 89, 101b, 102h, 119, 125, 126, Dagli-Orti, Paris 17, 56-57, 58, 59, 60, 61h, 64, 84-85, 87, 91, 105, 121, 127. Droits réservés 12, 16h, 16b, 22, 23, 26, 27, 42, 50, 74-75, 82b, 101, 107, 117, 166. Edimédia, Paris 13b, 47, 56h, 77, 78, 100b, 113. E.T. archives, Londres 63, 68, 69, 88. Explorer archives, Paris 86b, 116-117, 120. Giraudon, Paris 57h, 61b, 67, 71b, 102, 111. Metropolitan Museum of Art, New York 18-19. Michaud, Roland et Sabrina 92-97, 138-139. Musée des tissus, Lyon 28, 29, 30, 31. Rapho, Paris 98. Ronald Sheridan, Londres 72. R.M.N. Paris 34, 36b, 38, 79h, 106, 112, 114-115, 160, 168. Scala, Florence 14, 15b, 21h, 39h, 39b, 41, 62b, 104, 109, 124. Sipa press, Paris 24-25. Tapabor, Paris 52-53, 100h. Unesco, Paris 179. Viollet, Paris 35h, 35b, 62h, 68h, 74, 86h, 103, 171. Couverture 1er plat Édimédia, Paris ; dos Roland et Sabrina Michaud, Paris ; 4 Scala, Florence.

COLLABORATEURS EXTÉRIEURS

Catherine Seignouret a réuni l'iconographie de cet ouvrage. Manne Héron a réalisé la maquette. Marianne Bonneau et Béatrice Peyret-Vignals ont assuré la lecture-correction. Patrick Mérienne a dessiné les cartes des pages 70, 122-123.